miłość

Redakcja: Karolina Oponowicz, Paweł Goźliński
Konsultacja: Edward Orpik
Korekta: Marta Śliwińska

Zdjęcie na okładce: Maciej Zienkiewicz
Make-up: Dominika Zasadzińska
Stylizacja: Joanna Sobczak

Projekt graficzny okładki: Krzysztof Rychter
Projekt graficzny makiety i skład: Elżbieta Wastkowska

Wydawnictwo Agora

ul. Czerska 8/10
00-732 Warszawa

WYDAWNICTWO KSIĄŻKOWE:
DYREKTOR WYDAWNICZY: Małgorzata Skowrońska
REDAKTOR NACZELNY: Paweł Goźliński
KOORDYNACJA PROJEKTU: Katarzyna Kubicka

Warszawa 2018
ISBN: 978-83-268-2688-7

Druk: Drukarnia Abedik

miłość

I CO DALEJ?

TATIANA MINDEWICZ-PUACZ

W związku zbudowanym na prawdziwej miłości jest nam po prostu dobrze. Taki związek powinien przynosić ci radość – nie czasami, ale zazwyczaj. Nie powinien nigdy odbierać ci głosu, szacunku do siebie ani godności. I bez względu na to, czy masz lat dwadzieścia pięć, czy sześćdziesiąt pięć, musi przyjmować wszystko, co ty jako ty do niego wnosisz – a dawać ci jeszcze więcej.

Oprah Winfrey, ***To, co wiem na pewno***

Można żyć bez miłości, ale potrzeby bliskości nie da się w sobie zabić. Bez względu na to, czy jesteśmy jej świadomi, czy też schowamy ją gdzieś głęboko pod pozorami obojętności, ona żyje w każdym z nas jako jedna z najważniejszych, najbardziej podstawowych potrzeb.

ZAMIAST WSTĘPU

Trzy kobiety, które nie wiedziały, co dalej

ADA

...DZIEWCZYNA, KTÓRA NIE MOGŁA SPAĆ

Hałas, który dobiegał z telewizora, wyrwał ją z półsnu. Nie miała najmniejszej ochoty ruszyć się spod ciepłego koca. Musiała jednak wstać z kanapy i poszukać pilota. Najwyraźniej zsunął się, kiedy zapadła w drzemkę.

Chwilę później ekran zgasł. Dopiero wtedy zdała sobie sprawę, że cisza wcale nie przyniosła ulgi. Spojrzała na zegarek. Zaledwie kilka minut po północy. Zdecydowanie za wcześnie, żeby udało jej się zasnąć i przespać kilka godzin. Postanowiła poczytać jeszcze przez chwilę z nadzieją, że książka odciągnie jej uwagę od doskonale znanego stanu przygnębienia. Bez szans. Wiedziała, że jeśli teraz weźmie tabletkę na sen, obudzi się o czwartej, w najlepszym wypadku o piątej nad ranem.

To natłok myśli nie pozwalał jej zasnąć. „Nie wytrzymam dłużej. To zupełnie bez sensu. Tak nie wygląda normalna rodzina. Kim my się staliśmy? Przecież tak się nie da żyć. Czy to w ogóle można nazwać życiem? Małżeństwem? Rodziną? Nie dam rady, zwariuję. Już zwariowałam!".

Analizowała wszystko, co się w niej działo. Każdej nocy postanawiała, że z samego rana „coś z tym zrobi". Ale kiedy się budziła, razem z nią budziły się zupełnie inne myśli, te powodujące poczucie winy, nakłaniające do zdroworozsądkowego działania, trzymające w ryzach trudne uczucia. Świadomość, że nie jest w stanie zrealizować swoich nocnych postanowień, irytowała ją w takim samym stopniu, co uspokajała. Długo bowiem nie była pewna, czy bardziej ma ufać temu, co czuje w nocy, czy temu, co myśli rano. Uporczywie poszukiwała prostej i jasnej odpowiedzi na pytanie: „Co dalej?".

Ada jest mężatką od ponad pięciu lat. Większość jej znajomych uważa, że razem z mężem prowadzą cudowne, rodzinne życie. Wspólnie wychowują czteroletnią córkę Zuzię, kochają ją, mają dom z ogrodem, dwa psy i kota. Dobrze im się powodzi, bo są właścicielami sieci świetnie prosperujących aptek. Jeżdżą po świecie, jadają w dobrych restauracjach, a święta spędzają przy uroczyście zastawionym stole. Skoro jednak wszystko wygląda tak wspaniale, dlaczego Ada coraz rzadziej spotyka się ze znajomymi, coraz mniej się uśmiecha i cierpi na bezsenność? Dlaczego pracuje coraz więcej, choć mogłaby wcale nie pracować, i twierdzi, że jest bardzo zmęczona? Co sprawia, że nie chce jej się z nikim rozmawiać, że całkiem straciła entuzjazm do życia i prawie zapomniała, co to seks?

MONIKA

...ROZSĄDNA KOBIETA W NIEROZSĄDNYM ZWIĄZKU

Wyszedł już jakieś pół godziny temu, a ona nadal czuła jego obecność. Przez te trzydzieści minut nie ruszyła się z miejsca. Bała się, że jeśli to zrobi, w jednej sekundzie wszystko się skończy. Bez sensu. Doskonale wiedziała, że to kompletnie bez sensu. Niestety, ta wiedza w żaden sposób jej nie pomagała. Żeby jeszcze chociaż na jakiś czas odroczyć moment konfrontacji z rzeczywistością, wzięła do ręki telefon i niespiesznie, delektując się każdym słowem, zaczęła przeglądać esemesy.

„Wszystko pachnie tobą", „Musimy to koniecznie powtórzyć", „Przy tobie czuję się prawdziwym facetem", „Wiesz dobrze, ile dla mnie znaczysz".

Ona jednak nie wiedziała. Kiedy kilka miesięcy temu zaczęli się spotykać, ta wiedza nie była nikomu potrzebna. To, co się między nimi działo, nie potrzebowało żadnych interpretacji. Pracowali ze sobą od dawna, wielokrotnie widywali się na zebraniach zespołu albo mijali w kuchni czy w windzie. Jednak dopiero kiedy powierzono im do realizacji wspólny projekt, sprawy przybrały zupełnie inny obrót. Nikt niczego nie planował, niczego nie zakładał. Przeciwnie, Monika wiedziała doskonale, że Marcin ma rodzinę, co automatycznie skreślało go z listy kandydatów na faceta. Na jej faceta.

Monika jest kobietą niezależną i bardzo ciężko na tę niezależność pracowała. Prowadzi dział projektów specjalnych w międzynarodowej agencji reklamowej, odpowiada za kontakty z kluczowymi klientami firmy. Pracuje intensywnie, dużo podróżuje. Trudno się dziwić, że chociaż w tym roku skończyła czterdzieści lat, do tej pory nie założyła rodziny.

Chcąc się znaleźć tu, gdzie jest dzisiaj, musiała z niektórych rzeczy zrezygnować. Nie jest jej z tym źle, bo kocha to, co robi. Zresztą sama zdecydowała, jakie będą jej priorytety, więc nie ma do nikogo pretensji. Ugruntowana pozycja zawodowa i doskonałe zarobki pozwalają jej korzystać z przyjemności życia, które są dla wielu ludzi niedostępne. Zatem nie narzeka, wiadomo – coś za coś. Kiedy ma ochotę, wylatuje na relaksujące zakupy albo ładuje akumulatory w pięknych zakątkach świata. Monika, jak już coś robi, to na sto procent. Konsekwencja, pewność siebie i wytrwałość to zaledwie kilka z wielu jej zalet. Zatem jak to możliwe, że kobieta o tak zdecydowanym charakterze dała się ponieść emocjom i złamała swoje zasady? Co sprawiło, że cała jej siła zamieniła się w niemoc? Czemu choć wie, że to, co robi, nie ma sensu, nie może się od tego uwolnić?

POLA

...ZBYT SŁABA, ŻEBY ODEJŚĆ, ZBYT SILNA, ŻEBY ZOSTAĆ

Patrzę na Polę i choć wydawałoby się, że mam przed sobą pewną siebie, radosną i energiczną kobietę, jej oczy mówią coś zupełnie innego. Smutek jest tak przytłaczający, że nie sposób go nie dostrzec.

– I tak z tym nic nie zrobię. Nie mogę, nie jestem w stanie, nie teraz. Nauczyłam się doskonale sobie z tym radzić. Mam w życiu wiele rzeczy, za które powinnam być wdzięczna... – przerywa na chwilę, a ja mam wrażenie, że łyka łzy schowane tak głęboko, że nie mają najmniejszych szans wypłynąć na zewnątrz. – Poza tym mam tak wiele spraw na głowie, mnóstwo zawodowych tematów, które wymagają czasu i energii. Nie mogę teraz wziąć jeszcze tego na klatę. No i Antek. Nie chcę mu tego robić, dopóki nie będę pewna, że sobie z tym poradzi.

– A kiedy będziesz miała tę pewność? – wtrącam z nadzieją, że tym pytaniem dotknę czegoś więcej niż tylko tematu jej kilkunastoletniego syna.

Milczenie trwa kilka długich minut i kiedy już zaczynam się zastanawiać, czy nie zrezygnować z próby skonfrontowania Poli z tym, co się w niej dzieje, ona ponownie zaczyna mówić.

– Nie masz pojęcia, jak bardzo chciałabym zasnąć tak na dłużej i obudzić się dopiero wtedy, kiedy to minie, albo... Boże, co ja gadam, przecież nie mogę być taką egoistką. Młody nie byłby w stanie tego udźwignąć. Nie ma wyjścia, muszę wytrzymać.

Tym razem emocje wyprzedziły głowę, łzy kompletnie zignorowały system kontroli i uwolnione popłynęły po policzkach. Nie tylko mówienie, ale nawet oddychanie zdawało się ją w tej chwili przerastać. Patrzyłam na jej kruchość, na delikatność przygniecioną ogromnym ciężarem poczucia winy, nadodpowiedzialności i smutku. Bolało od samego patrzenia.

Pola to atrakcyjna, dobrze zorganizowana i aktywna zawodowo kobieta. Wszyscy, którzy ją znają, mówią o niej: wulkan energii, niestrudzona poszukiwaczka dobrych stron we wszystkich i we wszystkim. Jest cenioną dziennikarką, obraca się wśród ciekawych, wartościowych ludzi. Można by rzec: szczęściara. Sama lubi tak o sobie mówić. Dojrzała kobieta, mocno po czterdziestce, wie przecież, że trzeba cenić to, co się ma, i umieć być za to wdzięcznym. Użalanie się nad sobą, zanurzanie w problemach to zdecydowanie nie jej styl.

Co zatem sprawia, że Pola coraz bardziej zamyka się w sobie? Skąd ten głęboki smutek i brak chęci do życia? Czemu już nie jest w stanie podnieść się na duchu? Skąd ta różnica pomiędzy tym, co pokazuje innym, a tym, co przeżywa? Tak jakby były dwie Pole...

ADĘ, MONIKĘ I POLĘ bardzo wiele łączy. Choć każda z nich jest w innym wieku, w innym momencie życia i ma zupełnie inną sytuację osobistą, wszystkie trzy znalazły się w tak zwanym martwym punkcie. Każda boryka się z problemami, których rozwiązanie ją przerasta. Zagubione pomiędzy tym, co czują, a tym, co „powinny" czuć, tracą orientację w życiu, ulatuje z nich wola działania, nie mają siły zmierzyć się z rzeczywistością.

Gdybyśmy którąkolwiek z nich spotkali na ulicy, prawdopodobnie nie przyszłoby nam do głowy, że coś złego się u nich dzieje. Podobnie jak wielu z nas, po mistrzowsku ukrywają swoje problemy, w szczególności te, które dotyczą życia uczuciowego. Bo przecież żyjemy w czasach, kiedy szczęście jest pewnego rodzaju obowiązkiem. Tak jakby było łatwo osiągalnym stanem, który powinien nam towarzyszyć przez dwadzieścia cztery godziny na dobę. Karmimy oczy taką liczbą kolorowych obrazów, że nie zastanawiamy się nad tym, czy są trójwymiarowe. Pozornie świetnie nam się wiedzie, ale czy to nie fasada? Superżycie, wspaniały związek, cudowna rodzina, fantastyczny partner, piękne wakacje, nieziemskie doznania. Wszystko wydaje się takie osiągalne i proste. Wystarczy chcieć...

Niestety, albo raczej na szczęście, choć mamy całe mnóstwo prostych sposobów na poprawienie samopoczucia, zbudowania wartościowej relacji z drugim człowiekiem nie da się załatwić od ręki. Niemożliwe jest szybkie, łatwe i bezproblemowe uczynienie swojego związku bezpieczną bazą, bogatym w uczucia źródłem mocy i wzajemnego wsparcia. Co więcej, tego zadania nie da się wykonać samodzielnie.

DŁUGO SIĘ ZASTANAWIAŁAM, czemu poświęcić swoją drugą książkę. Pierwsza *Luz. I tak nie będę idealna* powstała z potrzeby serca i w odpowiedzi na wasze pytania o to, jak uwierzyć w siebie, jak zbudować poczucie własnej wartości. Odbyłam w niej, razem z wami, podróż do czasów dzieciństwa, żeby pokazać, że choć tam są źródła wielu naszych problemów, to poradzić sobie z nimi można i trzeba teraz, a nie zanurzając się w przeszłości. Starałam się zasygnalizować, że w pogoni za doskonałością bardzo często nie chodzi o zdobycie konkretnego celu, tylko o zyskanie akceptacji. Za kolejnymi wyzwaniami chowają się niezaspokojone potrzeby, oczekiwania mieszkających w nas „małych dziewczynek". Chciałam was zachęcić do zaopiekowania się tymi tęsknotami i odpuszczenia sobie presji bycia najlepszymi. Utwierdzić w przekonaniu, że każda z nas jest wystarczająco piękna, mądra i dobra.

Otwartość i zainteresowanie, z jakimi przyjęłyście moją pierwszą książkę, jest dla mnie wielką radością i nie mniejszym zobowiązaniem. Poczucie własnej wartości to proces, nad którym pracujemy przez całe życie. Zrobiłyśmy pierwszy krok, pora pójść dalej.

Tematem nierozerwalnie związanym z pracą nad sobą i jednocześnie najczęściej pojawiającym się w waszych listach jest miłość, a dokładniej związki uczuciowe i intymne. Można o tym pisać w nieskończoność. Powstało mnóstwo publikacji, których głównym zadaniem, niezależnie od indywidualnego ciężaru gatunkowego, jest pomóc nam zrozumieć, a potem przeżyć miłość.

Trudno więc było mi podjąć decyzję, co mogłabym wam zaproponować, żeby wnieść coś nowego w tak bogatą ofertę lub przynajmniej dodać jakieś kolejne, wartościowe spostrzeżenia. Po wielu miesiącach przygotowań i rozważań, którym towarzyszyła powiększająca się z dnia na dzień sterta fachowej literatury poświęconej związkom, dotarło do mnie, że utknęłam i… stoję pod murem. Miałam poczucie, że chociaż wiem prawie wszystko, nie jestem w stanie ruszyć z miejsca. Dlaczego? Bo ilość wiedzy nie przekładała się na to, co czułam, nie ułatwiała mi dokonania wyboru.

Odnosiłam wrażenie, że jestem obok tego, o czym mam pisać, że pomiędzy tym, czego się dowiedziałam na temat

Wielu z nas po mistrzowsku ukrywa swoje problemy, w szczególności te, które dotyczą życia uczuciowego. Bo przecież żyjemy w czasach, kiedy szczęście jest pewnego rodzaju obowiązkiem. Tak jakby było łatwo osiągalnym stanem, który powinien nam towarzyszyć przez dwadzieścia cztery godziny na dobę.

związków, a tym, czego dostarczają mi moje własne doświadczenia i spostrzeżenia, jest jakaś magiczna granica nie do przeskoczenia. Tak jakbyśmy mieli przed sobą bardzo dobrze i szczegółowo opracowany przepis na zupę, z dokładnie podaną liczbą składników oraz precyzyjną instrukcją, kiedy i co należy dodawać, z czym mieszać, a jednak przystępując po raz kolejny do gotowania, już w połowie wykonywania zadania widzielibyśmy, że posiłek, który tak pieczołowicie przygotowujemy, nie będzie się nadawał do zjedzenia. W efekcie, bezradni i kompletnie nieświadomi, w którym momencie popełniliśmy błąd, stalibyśmy nad garnkiem i mieszali łyżką ten dziwny wywar, zastanawiając się, czy dodanie odrobiny soli poprawi, czy pogorszy sytuację.

Uświadomiłam sobie, że dokładnie to samo przeżywałam kilkukrotnie, kiedy czekały mnie najtrudniejsze życiowe decyzje dotyczące moich osobistych spraw. Zbierałam informacje z różnych źródeł, przetwarzałam je na setki sposobów z nadzieją, że wreszcie zobaczę prosty i klarowny sposób na wydobycie się z beznadziejnej sytuacji. Ale im więcej pojawiało się instrukcji i wskazówek, tym bardziej się w nich gubiłam. W końcu traciłam orientację w tym, co się ze mną dzieje. Przestawałam ufać własnym uczuciom z obawy, że są jedynie którąś z możliwych wersji interpretacji mojego życia w danym momencie, co gorsza, myślałam, że skoro inni sobie w podobnych okolicznościach radzą, a ja nie, to najwyraźniej jest to zła interpretacja. Podobny stan znałam z opowieści moich klientek i przyjaciółek, które utknęły w martwym punkcie, często poprzedzającym przełomowe zmiany w ich życiu. **Za każdym razem, kiedy nadmiar myśli doprowadza do tego, że trudno nam rozpoznać nasze prawdziwe uczucia i potrzeby, znajdujemy się w impasie.**

Chwilę później wiedziałam już, o czym będzie ta książka.

IMPAS. Miejsce, które już dawno chcielibyśmy opuścić, ale brakuje nam sił, pomysłu na to, dokąd dalej iść, lub też przeszywa nas lęk o to, że gdziekolwiek pójdziemy, będzie jeszcze gorzej, niż jest. Uwięzieni w labiryncie własnych myśli, coraz bardziej zmęczeni kolejnymi próbami uwolnienia się z niego. Nasze ciała i emocje automatycznie wykonują te same czynności, a kiedy wracamy do punktu wyjścia, wiemy doskonale, choć to bolesna wiedza, że wciąż jesteśmy w tym samym miejscu.

Czasami martwym punktem jest dla nas frustracja przeżywana w związku, który zawiódł nasze oczekiwania, choć przecież miało być zupełnie inaczej. Zamiast spełnienia po okresie euforii trwającym kilka miesięcy, a w najlepszym przypadku kilka lat, przychodzi rozżalenie. Szukaliśmy w ramionach partnera ukojenia, uczyniliśmy go jedyną osobą odpowiedzialną za nasze samopoczucie, a kiedy nie dał nam tego, na co czekamy, znowu przeżywamy ból porażki. Jedynej nadziei na poprawę sytuacji upatrujemy w tym, że on lub ona się zmieni. Nasze potrzeby przybierają formę oczekiwań nie-do-spełnienia wyrażanych w postaci żalu lub pretensji. Dyskusje przeradzają się w bitwy, w których bronią jest wzajemna krytyka, a po każdej z takich bitew zostają dotkliwe, coraz trudniejsze do opatrzenia rany. Nadal kochamy, ale nie potrafimy się tym kochaniem w żaden sposób cieszyć.

Kiedy indziej jest to zbyt długa samotność, która sprawia, iż tracimy nadzieję na to, że jeszcze kiedyś ułożymy sobie z kimś życie, i rozdarci pomiędzy własnymi przyzwyczajeniami a pragnieniem bycia z drugą osobą popadamy na przemian w rezygnację lub desperację. Świadomi tego, kim jesteśmy, dojrzali i samowystarczalni radzimy sobie doskonale w wielu obszarach życia, jednak nasze życie uczuciowe jest pasmem krótkich zachwytów i wielkich rozczarowań. Tęsknimy za bliskością bardziej, niż chcemy to pokazać światu, z coraz większą desperacją łapiemy okruchy czułości tam, gdzie nie ma żadnych szans na więcej. Wchodzimy w związki bez przyszłości lub takie, które z góry skazują nas na cierpienie. A kiedy wreszcie udaje nam się z nich wydostać, tracimy nadzieję i siłę do próbowania raz jeszcze. Czynimy nasze granice zbyt elastycznymi lub budujemy mur, który zamiast nas chronić, odgradza od szansy na przeżywanie miłości.

I wreszcie impas jako miejsce, do którego dotarliśmy samotnie, choć przez wiele lat żyliśmy w przekonaniu, że żyjemy w związku. Prawda o tym, że z naszym partnerem nie łączy nas już prawie nic, że po wielu próbach naprawiania i poprawiania nie mamy już siły nawet na to, żeby się pokłócić, jest przytłaczająca. Dociera do nas, że to koniec, ale lęk przed odejściem jest większy niż ból samotnego trwania obok siebie. Wyrzuty sumienia nie pozwalają nam na żaden ruch, obarczamy się odpowiedzialnością nie tylko za to, co sami czujemy, ale i za to, co czuje nasz partner. Umęczeni tracimy radość życia i nadzieję na to, że kiedykolwiek będziemy szczęśliwi. Karmimy się ochłapami miłości, które próbujemy wydobyć ze wspomnień, bo rzeczywistość od dawna nie dostarcza nam niczego, co przypominałoby uczucie między dwojgiem ludzi. Odsuwamy konieczność podjęcia jakiejkolwiek decyzji w bliżej nieokreśloną przyszłość, którą dla uspokojenia siebie nazywamy „jak dzieci dorosną", „jak stanę na nogi" lub „jak kogoś poznam".

Bez względu na to, co jest przyczyną impasu, co sprawiło, że znaleźliśmy się w takiej sytuacji, towarzyszy nam poczucie beznadziejności, smutku, żalu, a przede wszystkim obawa przed permanentnością tej sytuacji lub w najlepszym przypadku – nieuchronną powtarzalnością. Kiedy kolejne próby poradzenia sobie z trudnościami kończą się niepowodzeniem, słabnie nasza wiara w to, że może być lepiej.

Dopatrujemy się w tym, co nas spotyka, zamiarów boskich lub dyktatu losu, który jest nam z góry pisany. Popadamy w zwątpienie, frustrację, rezygnację.

Nie mogę obiecać, że podam w tej książce gotowe rozwiązania, które pomogą w łatwy sposób i w błyskawicznym tempie wydobyć się z takiego stanu. Obiecuję jednak, że postaram się najlepiej, jak potrafię, pomóc wam w znalezieniu tego, co może być przydatne, żeby ruszyć z miejsca. Opowiem, jaki ma wpływ sposób naszego myślenia i zachowania na to, jak się czujemy w relacji z bliską osobą. Jak wiele możemy zrobić sami dla własnego dobra i dla dobra związku. Pokażę także granicę naszej osobistej odpowiedzialności, której przekroczenie w żaden sposób nie pomaga. Przeciwnie, ceduje na nas znacznie więcej, niż jesteśmy w stanie unieść. Czyni nas ofiarą złudzenia, że coś, co nie od nas zależy, dzięki naszym staraniom się zmieni.

W moim przekonaniu właśnie tę granicę pomiędzy robieniem za mało a dawaniem od siebie zbyt wiele jest tak trudno dostrzec, odnaleźć. Do podjęcia decyzji, która pomaga nam wyjść z patowej sytuacji, potrzebna jest pewność, że to słuszny krok. Miotanie się to efekt braku tej pewności. Nie mamy zaufania do swoich uczuć i oceny sytuacji, która z nich wynika.

Bardzo często, kiedy jedno z partnerów postanawia skorzystać z pomocy i rozpoczyna terapię, ma poczucie, że skoro ta druga osoba się na nią nie zdecydowała, i tak nic się nie zmieni. Faktycznie, trudno pracować nad związkiem w pojedynkę, jednak bezcenną wartością pracy nad sobą jest przyjrzenie się własnym uczuciom, zrozumienie tego, co przeżywamy. Przygotowanie do zmiany, bez względu na to, jaką finalnie podejmiemy decyzję, ma ogromne znaczenie. Silniejsi wewnętrznie, bardziej świadomi siebie i spójni jesteśmy w stanie poradzić sobie z trudnościami, bo wiemy, że są one integralną częścią każdego ważnego procesu. Wiemy, że idziemy w dobrym kierunku, i prędzej czy później pojawią się także pozytywne efekty tej zmiany.

W sprawach tak osobistych i delikatnych jak miłość nie ma mowy o podpowiadaniu komuś, co powinien robić, przekonywaniu go do czegokolwiek. Dlatego w żaden sposób nie zamierzam zalecać wam konkretnych rozwiązań. Chciałabym raczej ułatwić zrozumienie siebie

Trudno pracować
nad związkiem w pojedynkę,
jednak bezcenną wartością
pracy nad sobą jest przyjrzenie
się własnym uczuciom,
zrozumienie tego, co przeżywamy.
Przygotowanie do zmiany,
bez względu na to, jaką finalnie
podejmiemy decyzję, ma ogromne
znaczenie.

i spojrzenie na sytuację, w której się znajdujecie, z innej perspektywy. Pomóc w znalezieniu odpowiedzi na trudne pytania.

Z doświadczenia wiem, że znacznie łatwiej dochodzimy do pewnych wniosków, kiedy mamy szansę na przykładzie innych zaobserwować to, co sami robimy. To lepsze niż przyswajanie mądrej teorii wyłożonej w poukładanych w całość okrągłych zdaniach. Łatwiej nam odnaleźć kawałek własnej historii w losach ludzi, którzy przechodzili przez to samo. Dlatego znajdziecie tutaj przede wszystkim opowieści o konkretnych sytuacjach, zebranych przeze mnie dzięki uprzejmości moich klientek i klientów, a także dzięki moim niezastąpionym przyjaciółkom. Teorię i podsumowania postaram się ograniczyć do niezbędnego minimum ułatwiającego uporządkowanie oraz zastosowanie wiedzy, którą chcę przekazać. Pragnę także podkreślić, że wszystkie historie przedstawione w tej książce opowiadam za zgodą ich bohaterek i bohaterów. Choć opisane zdarzenia i przeżycia są autentyczne, zmieniłam pewne szczegóły, tak żeby zapewnić anonimowość każdej z tych osób.

Pozwolę sobie też na używanie języka, którym my, kobiety, rozmawiamy ze sobą, kiedy chcemy dobrze opisać, co się z nami dzieje. Słów takich jak „szczęśliwość" czy „dokochanie" nie znajdziecie raczej w słownikach, ale posługuję się nimi, bo mam wrażenie, że oddają rzeczywistość, o jakiej tu piszę.

NIESZCZĘŚLIWI W SZCZĘŚLIWYCH ZWIĄZKACH

ADA WCIĄŻ NIE MOŻE SPAĆ

Wróćmy do historii Ady i spróbujmy popatrzeć na jej życie nieco uważniej. Zapomnijmy o całej otoczce pozorów, które widać, kiedy z zewnątrz przyglądamy się jej rodzinie. Zajrzyjmy do jej domu w chwili, kiedy zwinięta w kłębek zasnęła przy włączonym telewizorze.

Tego dnia, podobnie jak w niezliczonej ilości wcześniejszych dni, po powrocie z pracy Grzegorz zasiadł przed telewizorem ze szklanką wypełnioną whisky z lodem. Na zdawkowe pytanie Ady, czy będzie coś jadł, odpowiedział to, co zwykle, czyli: „Dziękuję, jadłem na mieście". Ada zrobiła kolację Zuzi, obejrzała z nią bajkę na dobranoc i wykąpaną położyła do łóżka. Teoretycznie mała była już w wieku, kiedy mogłaby sama zasypiać, ale obie tak bardzo lubiły ten wieczorny rytuał układania do snu, że nie miały ochoty z niego rezygnować.

Pół godziny później, kiedy Zuzia już spała, Ada podjęła kolejną próbę nawiązania kontaktu z mężem. Nauczona doświadczeniem, że poważne rozmowy o tym, jak wygląda ich życie, nie mają najmniejszego sensu, bo usłyszy ponownie, że nic jej się nie podoba lub że szuka dziury w całym, skupiła się na sprawach organizacyjnych.

– Zawieziesz małą rano do szkoły? – miała nadzieję, że jeśli Grzegorz się zgodzi, jedna szklanka whisky zakończy wieczór i nie będzie musiała nad ranem budzić go na siłę, żeby przeniósł się do sypialni, zanim Zuza wstanie.

– Nie wiem. A ty nie możesz? Przecież i tak jedziesz do miasta – brzmiała udzielona beznamiętnym głosem odpowiedź.

– W porządku – Ada nie miała siły się kłócić.

Dochodziła dwudziesta pierwsza. Powkładała naczynia do zmywarki, przygotowała małej ubrania na następny dzień, wzięła szybki prysznic i kiedy w ulubionym szarym, mocno wysłużonym dresie zamierzała zalec na wielkim fotelu w rogu jadalni, zobaczyła, że kanapa w salonie właśnie się zwolniła. Najwyraźniej jej mąż postanowił jednak wcześniej zakończyć wieczór przed telewizorem.

Jakiś czas temu pewnie ucieszyłoby ją to odkrycie, miałaby bowiem nadzieję na to, że może zrobią coś wspólnie. Porozmawiają o planach na wakacje, dodatkowych zajęciach dla Zuzi albo przynajmniej o otworzeniu kolejnej filii firmy w nowym mieście. Jeszcze wcześniej wierzyłaby w to, że gdyby udało im się nie pokłócić przy omawianiu któregoś z tematów, wzięliby potem wspólną kąpiel i wylądowali w łóżku. Dzisiaj taki scenariusz wydawał się jej trudny nawet do wyobrażenia.

Fakt, że kanapa w salonie jeszcze przed dwudziestą drugą jest wolna, ucieszył Adę przede wszystkim dlatego, że samotność przed telewizorem była znacznie lepszą wersją samotności od tej przeżywanej w małżeńskiej sypialni lub na fotelu w kuchni.

Wiele razy zastanawiała się, kiedy dokładnie ich życie stało się tym, czym jest dzisiaj. Atrapą rodziny, wyjałowioną wersją związku, parodią małżeństwa. Chociaż szczerze powiedziawszy, śmiesznie od dawna w ich domu nie bywa. A jak jest?

No właśnie z określeniem tego, podobnie jak ze znalezieniem momentu, w którym wszystko zaczęło się psuć, Ada ma największą trudność.

Jeszcze kilka lat temu nie przyszłoby jej do głowy, żeby zastanawiać się nad tym, co jest z nimi nie tak. Nie dlatego, że relacje z Grzegorzem kiedykolwiek były wspaniałe. Zawsze się różnili, odkąd pamięta ich rozmowy kończyły się mniejszymi lub większymi kłótniami. **No ale przecież nie o to chodzi, żeby się we wszystkim zgadzać, wiadomo, że idealne związki nie istnieją.** Dlatego przez wiele lat, pomimo sprzeczek przeplatanych cichymi dniami, żadne z nich nie podważało sensu ich wspólnego życia. Poza tym nie było na to czasu. Kiedy się poznali, dynamika związku, w którym nieustająco dużo się działo, była motorem działania. Niezależnie od tego, co ich różniło, łączyły ich wspólne pomysły, plany na przyszłość.

DWOJE LUDZI, WSPÓLNE MARZENIA

Oboje zaczynali od zera, Ada początkująca, ale bardzo ambitna farmaceutka, Grzegorz utalentowany i pracowity przedstawiciel handlowy w firmie farmaceutycznej. Któregoś lata ona zastępowała swoją szefową podczas jej urlopu i chcąc się wykazać operatywnością, postanowiła wprowadzić kilka rozwojowych zmian w aptece. Jedną z nich było usprawnienie systemu dostaw tak, żeby zamówienia, które spływały od klientów, mogły być szybciej realizowane. Okazało się, że Grzegorz nie tylko zgodził się na proponowane przez nią zmiany, ale też wniósł do jej pomysłu kilka cennych spostrzeżeń. Choć widywali się już wiele razy wcześniej, dopiero teraz, kiedy Ada chwilowo pełniła funkcję kierowniczki apteki, mieli okazję dłużej porozmawiać. Adzie zaimponowała jego pewność siebie, a jednocześnie ujął ją sposób, w jaki próbował ją komplementować. Może brzmiało to trochę mentorsko i chwilami czuła się jak uczennica doceniona za postępy w nauce przez pana profesora, ale nie było to pozbawione uroku. Najbardziej podobało jej się, że Grzegorz podobnie jak ona wiedział, czego chce, i choć dopiero zaczynał karierę, nie było wątpliwości, że osiągnie swoje cele. Pamięta, jak po ich pierwszej dłuższej rozmowie pomyślała sobie, że przy takim facecie kobieta może się czuć bezpiecznie.

Miesiąc później, kiedy szefowa wróciła do pracy i siłą rzeczy zawodowe kontakty z Grzegorzem się ograniczyły, Ada poczuła, że brakuje jej czegoś więcej niż tylko rozmów o planach dostaw. Najwyraźniej Grzegorz miał podobnie, bo któregoś wieczoru, kiedy w pędzie wybiegała z pracy, żeby zdążyć na ostatni autobus, zastała go pod drzwiami apteki.

„Co pani powie na wspólną kolację, pani magister?" – zapytał z błyskiem w oku, tonem, który brzmiał zdecydowanie pewniej, niż można by się spodziewać, gdyby założyć, że to jedynie, niezobowiązujące pytanie.

Nie odmówiła ani tym razem, ani w kilka następnych wieczorów, kiedy z tym samym zawadiackim uśmiechem zadawał to samo pytanie. Ich randki przez pierwsze miesiące to głównie rozmowy o pracy i fantastyczny seks. Kolacje były jedynie smacznym dodatkiem do tego pełnego adrenaliny zestawu. Godzinami rozprawiali o biznesie – o tym, co można by zrobić, biorąc pod uwagę rozwijający się rynek farmaceutyczny, coraz większe zapotrzebowanie na leki i zmiany w przepisach. Grzegorz pierwszy wpadł na pomysł, że powinni otworzyć coś swojego. Adę początkowo opcja zrezygnowania z pracy na etacie, w miejscu, gdzie ma spokój i jest doceniana, nieco wystraszyła. Co innego marzyć, a co innego wdrożyć te marzenia w życie. Nie była pewna, czy jest na to gotowa. Jednak zapał, z jakim Grzegorz podszedł do tego pomysłu, entuzjazm, z jakim opowiadał o ich wspólnej firmie, sprawił, że zgodziła się zaryzykować. W zasadzie trudno było nie przyznać mu racji – mają już sporo wiedzy, trochę odłożonych pieniędzy i mnóstwo determinacji, a co najważniejsze, są świetnym duetem.

Dokładnie w rocznicę ich pierwszej randki oficjalnie otworzyli swoją własną aptekę. Choć było to zaledwie czterdzieści metrów kwadratowych, wynajętych w średnio atrakcyjnym punkcie Warszawy, oboje wierzyli, że Pluspharma za chwilę stanie się jedną z najbardziej rozpoznawanych marek w swojej kategorii.

RODZINA, NATURALNA KOLEJ RZECZY

Nie mylili się, tylko że to „za chwilę" trwało trzy lata. Trzy lata ciężkiej pracy ich obojga. Chociaż w tym czasie zdążyli wziąć ślub, dwukrotnie się przeprowadzić i kilka razy wyjechać na niedługie wakacje, dominującym tematem w ich związku była firma. Sprawy związane z zamówieniami, cenami, dokumentami księgowymi lub poszukiwaniem i urządzaniem kolejnych placówek pochłaniały większość ich wspólnego życia.

Dzisiaj trudno Adzie stwierdzić, czy już wtedy pojawiały się jakieś sygnały świadczące o tym, że w ich związku dzieje się lub zacznie się dziać źle. Owszem, kłócili się często, ale były to kłótnie wynikające z ogromnej presji towarzyszącej rozwijaniu biznesu, efekt stresu lub przemęczenia. Poza tym mieli swoje sposoby na poprawienie atmosfery. Butelka dobrego wina lub kilka szklanek whisky i kończyło się w łóżku. Albo dobry seks, albo dobry sen.

Nadszedł czas, kiedy ich rozmowy poza pracą zaczęły krążyć także wokół dziecka. Chyba już wtedy Ada czuła, że gdy nie poruszają spraw związanych z firmą, nie bardzo mają o czym rozmawiać. Nie przejmowała się tym. Tłumaczyła sobie, że to naturalne, skoro oboje zasuwają od rana do nocy. Jednak miała poczucie, że pora zatrzymać nieco ten dziki pęd, zwolnić. Grzegorz uważał wprawdzie, że z decyzją o rodzicielstwie powinni jeszcze poczekać, bo być może stracą najlepszy okres dla rozwoju biznesu, a przecież konkurencja nie śpi. W końcu jednak ustąpił żonie. Być może dlatego, że przekonały go jej argumenty o pustym, pozbawionym głębszego sensu życiu, które ich czeka, jeśli nie przestaną tak zasuwać. A może dla świętego spokoju? Tak czy inaczej, podjęli decyzję i po niecałym roku starań Ada zaszła w ciążę.

Pojawienie się na świecie Zuzi spowodowało kompletne przeorganizowanie ich świata. Już nie mogli oboje w takim samym stopniu angażować się w prowadzenie firmy. To, że obowiązki domowe spadły w przeważającej mierze na Adę, nie tylko jej nie przeszkadzało, ale nawet ją cieszyło. Wreszcie miała czas, żeby po swojemu urządzić przestronny dom, który wcześniej pełnił głównie funkcję miejsca do spania.

Próbowała swoich sił w kuchni, chodziła z dzieckiem na długie spacery, spotykała się z koleżankami, które podobnie jak ona były świeżo upieczonymi mamami. Rola pani domu bardzo jej odpowiadała. Kiedy dzisiaj myśli o pierwszych trzech latach po urodzeniu córki, ma wrażenie, że poza początkami znajomości to był najlepszy okres ich związku. Grzegorz co prawda pracował jeszcze więcej niż wcześniej, bo cała firma była na jego głowie, ale czas Ady wypełniało tyle nowych obowiązków i przyjemności, że nie odczuwała jego nieobecności. Zajęta planowaniem i organizowaniem ich wspólnego życia ignorowała to, że udział jej męża w tym życiu staje się coraz bardziej bierny. Wtedy odbierała to zupełnie inaczej. Dominujący w interesach Grzegorz jako pan domu stawał się uległy. Nie dyskutował z jej decyzjami, nie kwestionował wyborów. Kiedy wracał z pracy późnym wieczorem, zjadał pięknie przygotowaną kolację i wysłuchiwał, co się przez cały dzień działo u jego żony i córki.

DOBRA RODZINA I DOBRE MAŁŻEŃSTWO?

Zuzia skończyła cztery lata, zdecydowali więc, że czas najwyższy, żeby poszła do przedszkola. Odwlekali ten moment w obawie, że małej będzie trudno odnaleźć się poza domowymi, „cieplarnianymi" warunkami. Jednak przeważyły argumenty o potrzebie kontaktu z rówieśnikami oraz to, że Adzie pomału zaczynało brakować spotkań z ludźmi.

Powrót do pracy nie był łatwy. Przez kilka lat jej nieobecności dużo się zmieniło. Grzegorz wprowadził zmiany w wielu obszarach funkcjonowania firmy. Choć trudno było zarzucić cokolwiek jego decyzjom, bo wszystko działało prawidłowo, to Ada czuła, że nie bardzo może się odnaleźć w nowej rzeczywistości. Pełniona przez nią wcześniej funkcja pani dyrektor odpowiedzialnej za kontakty z dostawcami siłą rzeczy przypadła w udziale innej osobie. Stanowisko Ady przejęła pewna siebie, nastawiona na osobisty sukces była szefowa jednej z aptek. Bardzo dobrze radziła sobie z zadaniami i uwagi poprzedniczki przyjmowała grzecznie, ale z dużym dystansem. Widząc niezręczność sytuacji i mając na uwadze przede wszystkim dobro firmy, Ada zdecydowała, że opuści ukochany, budowany od podstaw dział i zajmie się porządkowaniem spraw formalnoksięgowych. Grzegorz przyjął jej decyzję z ulgą. Przede wszystkim dlatego, że widział trudności komunikacyjne związane z powrotem żony do firmy i obawiał się, że ucierpią na tym ich interesy. Uważał też, że przejęcie przez Adę spraw papierkowych pozwoli mu się skupić na kluczowych tematach związanych ze sprzedażą i rozwojem biznesu.

Jeśli Ada miałaby powiedzieć szczerze, kiedy po raz pierwszy zaczęła się zastanawiać nad tym, co się dzieje w ich związku, to chyba byłby to właśnie ten okres. Niby wszystko przebiegało naturalnie, bez problemów, ale ona czuła, że coś jest nie tak. Ich rozmowy o pracy ograniczały się do zdawkowych pytań i równie zdawkowych odpowiedzi, podobnie zresztą jak ich rozmowy o sprawach związanych z Zuzią czy domem. Grzegorz żył wielkimi kontraktami, spotkaniami z klientami i wizjami kolejnych etapów rozwoju firmy, a ona coraz częściej tylko słuchała. Nie to, żeby nie próbowała mówić o tym, co się u niej dzieje, tylko miała wrażenie, że to jest zupełnie inny świat. Omawianie zajęć z rytmiki czy uzgadnianie terminu wakacji miało przynajmniej emocjonalne zabarwienie; opowiadanie o zmianach podatkowych już niekoniecznie.

Ich życie intymne też zaczęło tracić kolory. Do małżeńskiego łóżka każde z nich trafiało o innej porze. O „szybkim seksie" poza sypialną, które kiedyś oboje tak lubili, nie było mowy. W końcu dziecko w domu w naturalny sposób ograniczyło możliwości swobodnego oddawania się przyjemnościom. Prawdę mówiąc, trudno stwierdzić, czy była to faktycznie jedynie konsekwencja prowadzonego wówczas trybu życia, wynik zmęczenia i nadmiaru obowiązków każdego z nich. Ada nie umie samej sobie odpowiedzieć na to pytanie. Wie jednak, że nie było żadnych postanowień ani rozmów na ten temat. Po prostu przestali „to" robić tak często jak dawniej, a w zasadzie prawie wcale „tego" nie robili.

Widziała, że się od siebie oddalają, ale nie umiała temu zaradzić. Ada nigdy nie potrafiła rozmawiać o uczuciach. Wychowana w domu, gdzie porządek był jednym z ulubionych słów, nauczyła się trzymać w ryzach nie tylko przykładnie poukładane w szafkach ubrania czy dokumenty, lecz także własne emocje. Kiedy była małą dziewczynką, radziła sobie z lękiem, skupiając się na odrabianiu lekcji. Zaszyta w swoim pokoju z nosem w książkach czuła się bezpieczniej niż w ich mieszkaniu wypełnionym pełną napięcia ciszą. Jej rodzice poza świętami i uroczystościami rodzinnymi nie spędzali ze sobą zbyt wiele czasu – Ada wychowywała się w takich warunkach i nie niepokoiło jej to specjalnie.

Bywały jednak dni, kiedy cisza była bardziej wymowna niż zazwyczaj. Mama zamykała się wówczas na dłużej w sypialni, a tata zastygał na wiele godzin w swoim gabinecie. Wiedziała, że ingerowanie w ten stan rzeczy nie ma sensu, bo jeśli tylko pojawi się w zasięgu wzroku któregokolwiek z rodziców, z pewnością usłyszy: „Czy odrobiłaś lekcje?”. Zatem choć bała się, że dzieje się coś złego, zwłaszcza kiedy słyszała cichy płacz mamy dobiegający z sypialni, nie miała odwagi wyjść z pokoju i dowiedzieć się, o co chodzi. Jako malutką dziewczynkę przerażało ją to, że któreś z rodziców mogłoby odejść. Kiedy stała się nastolatką, bywały momenty, kiedy przychodziło jej do głowy, że lepiej byłoby, gdyby mama z tatą się rozstali. Kiedyś nawet podzieliła się taką myślą z babcią. Miała wówczas niespełna piętnaście lat, sprzątały obie po obiedzie świątecznym i starały się ignorować to, że w domu panuje właśnie jedna z tych złowrogich cisz. Kiedy tata zamknął drzwi gabinetu i zostały tylko we dwie, bo mamę już od ponad godziny „bolała głowa”, Ada odważyła się wydusić z siebie:

– Babciu, dlaczego oni się nie rozwiodą?

– Dziecko, co ty opowiadasz? Dlaczego mieliby to zrobić, przecież macie wspaniałą rodzinę, niczego wam nie brakuje?! Wszystkie małżeństwa miewają problemy, ale nie trzeba ich roztrząsać, tylko iść przez życie dalej, razem.

Więcej Ada nie próbowała pytać. Starała się nie roztrząsać ani problemów jej rodziców, ani własnych. Obiecała sobie jednak, że nie będzie w przyszłości płakała w swojej sypialni. Nie chce, żeby jej dziecko się bało.

No i trzeba przyznać, że była w dotrzymywaniu tej obietnicy bardzo konsekwentna. Dusiła w sobie wszystko, co w jej wyobrażeniu zagrażałoby spokojowi rodziny. Jednak Ada nie przypominała własnej mamy tylko dlatego, że bardzo chciała jej nie przypominać. Obie panie różniły się temperamentem i charakterem. Ada była sobą. O ile dla jej mamy milczenie przeplatane łzami okazało się najlepszą receptą na przetrwanie, jej córka miała własne metody. W jej mniemaniu zupełnie inne.

JESTEM NIESZCZĘŚLIWA

Świadomość, że w jej małżeństwie zaczyna się psuć, przychodziła do Ady stopniowo. Widziała problemy, coraz boleśniej odczuwała ich skutki, ale tego, co się działo między nią a Grzegorzem, długo nie nazywała trudnościami w związku. W jej wyobrażeniu Grzegorz po prostu przestawał ją kochać.

Miała wrażenie, że jej unika. Kiedy zdarzyło mu się wrócić do domu przed dziewiętnastą, a ostatnio miało to miejsce niezwykle rzadko, robił wszystko, żeby nie znaleźć się w zasięgu jej wzroku. Nie podchodził do niej jak kiedyś i nie całował delikatnie w szyję na powitanie, tylko przemykał cicho za jej plecami i zanim zdążyła się zorientować, że już wrócił, chował się w gabinecie lub zasiadał przed telewizorem w salonie. Tak jakby była meblem, częścią wyposażenia domu, a nie żywym człowiekiem, nie jego własną żoną.

Brak zainteresowania nią jako kobietą, izolowanie się za każdym razem, kiedy mieli okazję być razem, coraz częstsze podnoszenie głosu podczas dyskusji lub ucinanie jej w połowie zdania krótkim: „Nie ma sensu dalej rozmawiać" – wszystko to utwierdzało ją w przekonaniu, że staje się dla męża obojętna. W najlepszym przypadku obojętna, bo bywały chwile, kiedy wydawało się jej, że go irytuje.

Wprawdzie Ada nie potrafiła rozmawiać o swoich potrzebach, ale świetnie radziła sobie z mówieniem o tym, co jest złe w ich związku. Wyjątkowo wyraźnie dostrzegała trudności i zagrożenia. W pracy ten rodzaj „talentu" miał naprawdę dużą wartość. Potrafiła wyłapać błędy w pomysłach, projektach czy dokumentach i dzięki temu niejednokrotnie uchronić firmę przed kłopotami. Dokładnie w ten sam sposób próbowała ratować małżeństwo. Widząc, że dzieje się nie najlepiej, całą uwagę skupiła na pokazywaniu Grzegorzowi tego, co robi nie tak, z nadzieją, że coś do niego dotrze i zechce zmienić swoje postępowanie.

„Jesteś zupełnie nieobecny w domu. Nawet kiedy wracasz wcześniej, to i tak cię nie ma. Wyłączasz się. Nie interesuje cię zupełnie to, co się za mną dzieje, nawet nie próbujesz słuchać"

„Czy naprawdę myślisz, że uszczęśliwia mnie siedzenie nad tymi cholernymi papierami, a potem ogarnianie domu i jeszcze przygotowywanie ci kolacji? Zresztą nie wiem, po co to robię, bo przecież tobie i tak wszystko jedno. Wystarczy szklanka whisky i telewizor. Ja mogę nie istnieć"

„Dlaczego nie zamówiłeś biletów na sylwestra, wiedziałeś przecież, że trzeba to zrobić wcześniej? Oczywiście, przecież nie musimy nigdzie wychodzić. Jedyny wieczór w roku, kiedy możemy coś zrobić razem, ty wolisz spędzić na kanapie"

„Nie wiem, ile jeszcze wytrzymam, Grzegorz. Tak nie wygląda normalne życie, czy ty nie widzisz, co się z nami stało? Nie obchodzę cię wcale, nawet patrzeć na mnie jak na kobietę już nie potrafisz"

Niestety, efekty jej działań były dokładnie odwrotne od zamierzonych. Początkowo Grzegorz starał się reagować na niektóre z jej uwag. Powiedział między innymi, żeby nie robiła mu kolacji, bo może przecież zjeść na mieście lub sam sobie coś przygotować. Zaproponował także, żeby przyjęli na stałe panią do pomocy w domu, co zdjęłoby z Ady część obowiązków. To jednak nie poprawiło w żaden sposób samopoczucia żony. Przeciwnie, jej niezadowolenie i irytacja rosły. Wydawało mu się, że cokolwiek zrobi lub powie, i tak będzie źle. Coraz bardziej zamykał się w sobie, unikał jak ognia „poważnych rozmów" i starał się jak najrzadziej bywać w domu.

W tym samym czasie Ada stawała się coraz bardziej smutna i przygnębiona. Grzegorz kompletnie jej nie rozumiał. Wprawdzie nie pytała go nigdy wprost o to, jak on się czuje w ich związku, ale skoro na wszelkie jej uwagi i pretensje reagował coraz częściej słowami: „Nie wiem, o co ci chodzi, kobieto, jesteś permanentnie nieszczęśliwa" – to najwyraźniej według niego wszystko było w porządku.

Po jakimś czasie Ada prawie zupełnie zrezygnowała z rozmów z mężem. Jego postawa utwierdziła ją w przekonaniu, że ich uczucie wygasa albo już całkiem wygasło. Zaczęła się zastanawiać nad tym, czy kiedykolwiek ją kochał. Wydobywała z pamięci dawne kłótnie, analizowała słowa wypowiedziane w emocjach pod jej adresem. W głowie Ady zaczęła świtać myśl, że być może cały ich związek, całe wspólne życie jest pomyłką. Im dłużej o tym myślała, tym bardziej była przestraszona. Nie chciała, żeby podobnie jak jej rodzice przeżyli kolejne lata, żyjąc obok siebie, skuci jak ciążącymi przy każdym ruchu kajdanami, przysięgą małżeńską. Nie wyobrażała też sobie, że będą dalej grali w tę grę, zachowując na zewnątrz pozory cudownej rodziny, udawali podczas przyjęć i świąt, że jest idealnie. Wiedziała, że jeśli się na to zgodzi, umrze. Jej życie straci sens, pogrzebie wszystkie swoje marzenia i nadzieje.

Przerażało ją trwanie w tym, co jest, ale jednocześnie odejście przerastało jej możliwości.

Zaczęła szukać ucieczki.

ZAMKNIĘTE KOŁO

Metod i dróg ucieczki jest wiele. Jeśli jednak jej głównym celem będzie ucieczka od siebie, szanse na to, że faktycznie coś się zmieni, są zerowe. Niezależnie od tego, którą z dróg wybierzemy.

Ada była coraz bardziej zagubiona. Przekonana, że znalazła się w sytuacji bez wyjścia, powoli zamykała się w swoich myślach, najczęściej przygnębiających i smutnych. Nie widziała żadnego rozwiązania, które niosłoby nadzieję na to, że sytuacja może się poprawić. Po okresie burzy i napięć, w którym podejmowała bezowocne próby zasygnalizowania Grzegorzowi, że kiepsko to wszystko znosi, zaczęła stopniowo wycofywać się zarówno z ich relacji, jak i z większości innych kontaktów z bliskimi jej ludźmi. Nie było mowy o tym, żeby cokolwiek powiedziała rodzicom.

Byli szczęśliwi, że ułożyła sobie życie, w ich odczuciu, jak z bajki. Mama wielokrotnie powtarzała jej: „Dziecko, jak to dobrze, że znalazłaś swoje szczęście. Dbaj o to, bo to naprawdę rzadkość".

Spotkania z przyjaciółkami, które na początku dawały jej solidne wsparcie, po kilku rozmowach nie tylko nie pomagały, ale stawały się dodatkowym obciążeniem. W towarzystwie innych kobiet czuła się słaba i niezdecydowana. Zdarzyło się jej kilka razy zbyt szczerze opowiedzieć o sobie i pod wpływem emocji zadeklarować, że zamierza się rozwieść. Dostała babskie wsparcie z całą masą dobrych rad zachęcających do tego, żeby skończyła z tym, co ją ogranicza, i zaczęła wszystko od nowa. Usłyszała, że zasługuje na miłość i kogoś, kto potrafi ją docenić, że nie ma sensu tkwić w związku bez przyszłości i marnować sobie życia.

Te budujące słowa okazały się jednak niewystarczające, by podjęła decyzję o odejściu od męża. Zwłaszcza że w gruncie rzeczy Ada wcale nie była pewna, czy taka właśnie byłaby jej decyzja, gdyby to ona miała ją podjąć. Przecież nie o to jej chodziło. Owszem, miała ochotę, zwłaszcza podczas spędzanych samotnie wieczorów, rzucić swoje dotychczasowe życie i uciec najdalej, jak się da. Jednak zwykle już następnego dnia nie była taka pewna, że to dobre wyjście. Paraliżowała ją sama myśl o perturbacjach, jakie rozwód wywoła w ich najbliższym otoczeniu. Co powie rodzina? Co powiedzą wspólni znajomi? Ale przede wszystkim – jak to wpłynie na Zuzię? No i nie wiedziała, czy po rozwodzie miałaby siłę komukolwiek jeszcze zaufać, czy potrafiłaby się otworzyć na nowy związek, czy też już całe życie byłaby sama. Grzegorz nadal wiele dla niej znaczył, choć chowała w sobie mnóstwo żalu i pretensji do niego. Gdyby tylko zechciał pokazać jej, że wciąż jest dla niego ważna. Niby w to nie wierzyła, ale ciągle tliła się w niej nadzieja, że on się zmieni.

JA NIE POTRZEBUJĘ POMOCY

Ada pojawiła się u terapeutki właściwie przypadkiem. A dokładniej – przyszła na spotkanie, nie oczekując wcale, że może albo że powinna sobie pomóc. Daleka była od proszenia kogokolwiek o pomoc, a już z pewnością nie dla siebie. Przecież miała wszystko dokładnie przeanalizowane na tysiąc sposobów. To Grzegorz nie przyjmował do wiadomości, że jest źle. To on powinien coś zrobić.

Metod i dróg ucieczki jest wiele. Jeśli jednak jej głównym celem będzie ucieczka od siebie, szanse na to, że faktycznie coś się zmieni, są zerowe. Niezależnie od tego, którą z dróg wybierzemy.

Po roku samotnego przesiadywania w nocy na fotelu w kuchni lub na kanapie w salonie, odcięta niemal zupełnie od kontaktu z ludźmi, przepracowana i zmęczona, za namową Ewy, jednej z najbliższych przyjaciółek, zgodziła się na babski wypad do SPA. Obiecano jej, że nie będzie musiała mówić o sobie, że tylko wypocznie, zrelaksuje się i pozwoli sobie na złapanie oddechu. Dziewczyny starały się dotrzymać obietnicy i przez niemal cały pobyt w luksusowym ośrodku nie ciągnęły Ady za język. Jednak wieczorem, kiedy liczba pustych butelek po winie przekroczyła liczbę uczestniczek imprezy, rozmowa popłynęła absolutnie niekontrolowanym torem. Zaczęła Marzena, zawsze przodująca w poruszaniu trudnych tematów:

– Skoro nadal go kochasz, to czemu nie pójdziecie na terapię? Może coś tam trafi do tego męskiego łba. A jak nie, to przynajmniej będziesz wiedziała, na czym stoisz.

– Oszalałaś?! On się w życiu na to nie zgodzi, przecież według niego to ja mam problem – błyskawicznie zareagowała Ada.

– To może idź pierwsza i spróbuj się dowiedzieć, co masz robić. Może jest jakiś sposób, żeby faceta namówić do terapii, albo metody, żeby się zmienił, nie przychodząc – dodała

Ewa zachęcona tym, że Ady nie zezłościła rozmowa na jej temat.

– Kochana, gdyby terapeuci mieli sposoby na urabianie facetów, zarabialiby miliony – kontynuowała Marzena. Rozbawiło ją własne spostrzeżenie.

Niezależnie od tego, ile kieliszków wina poprzedzało jej wniosek, nie sposób się z nim nie zgodzić. Chociaż terapia staje się coraz popularniejszą metodą na poradzenie sobie z problemami, nadal wiele osób trafia na nią w nadziei, że pomoże nie im samym, ale tym, z którymi wiążą się przeżywane przez nich trudności. Nie inaczej było w przypadku Ady.

DROGA DO WYJŚCIA NA ZEWNĄTRZ PROWADZIŁA PRZEZ SAM ŚRODEK

W czasie swoich pierwszych spotkań z terapeutką Ada głównie płakała. Tak jakby jednym ruchem uwolniła długo zatrzymywany strumień łez. Może dlatego, że nie miała siły mówić, a może dlatego, że po raz pierwszy miała okazję przyjrzeć się temu, co tak naprawdę się w niej dzieje.

A szczerze powiedziawszy, nie było jej łatwo się temu przyglądać. Odsłonić swoje prawdziwe lęki i obawy. Do tej

Chociaż terapia staje się coraz popularniejszą metodą na poradzenie sobie z problemami, nadal wiele osób trafia na nią w nadziei, że pomoże ona nie im samym, ale tym, z którymi wiążą się przeżywane przez nich trudności.

pory inaczej określała swoje problemy. Cierpiała, widząc, że rozsypuje się coś bardzo cennego – związek, w który „zainwestowała" wiele swoich marzeń i nadziei, ale też ciężkiej pracy. Wcześniej nie zdawała sobie sprawy z tego, że tak wiele jest w niej uczuć związanych z tym cierpieniem. Podczas terapii uczyła się je rozpoznawać i nazywać.

Wstydziła się, że nie potrafi w żaden sposób uratować swojego małżeństwa, że przez nią runie wszystko to, co miało być bezpieczną bazą, ich własnym miejscem na ziemi. Wstydziła się, że jest złą matką, że przez nią rozpadnie się na kawałki świat jej dziecka.

Najboleśniejsze było to, że chociaż obarczała Grzegorza winą za stan ich małżeństwa, tak naprawdę bała się, że on jej nie kocha, bo jest z nią coś nie tak. Być może to w niej tkwił problem, może jest kobietą, którą trudno kochać. Przecież gdyby było inaczej, nie sprawiałby jej tylu przykrości, nie traktował od dłuższego czasu jak powietrza. Gdyby dało się ją kochać, potrafiłby uczynić ją szczęśliwą.

Nie umiała odpowiedzieć terapeutce na pytanie, dlaczego uważa, że trudną ją kochać. Podobnie jak nie potrafiła określić, co sprawiłoby, że będzie się czuła szczęśliwa. Wiedziała tylko, że odkąd pamiętała, tak właśnie miała. Często wydała się sobie dziwna i jakaś taka niekompletna. Jakby brakowało jej czegoś, co czyni ją pełnowartościowym człowiekiem. Gdy miała się przez chwilę zastanowić, kiedy po raz pierwszy pomyślała o sobie w ten sposób, nie mogła sobie przypomnieć żadnego istotnego zdarzenia. Nie znalazła nic takiego w całym okresie jej małżeństwa z Grzegorzem. To chyba było jeszcze wcześniej...

Nigdy nie usłyszała od bliskich, że jest niekochana, przeciwnie, rodzice stale zapewniali swoją jedynaczkę o tym, że jest dla nich ważna. Dbali o nią, starali się zapewnić nie tylko to, co było jej jako dziecku niezbędne, ale i to, na co miała ochotę. Rzadko czegokolwiek odmawiali, przeciwnie, ulegali jej prośbom, jeszcze zanim na dobre przemyślała, czy naprawdę pragnie to mieć, czy tylko tak jej się wydaje. Niczego jej nie brakowało. No, może jedynie ich czasu i uwagi. Nie takiego zwykłego bycia w jednym domu, tylko robienia czegoś wspólnie, bycia razem. Miała wrażenie, że jej zabawy nudzą lub męczą rodziców. Nie krytykowali jej, nie zabraniali robić tego, co chce, ale nigdy nie udało jej się zainteresować ich swoim światem. Dotyczyło to zwłaszcza taty. Kochał ją bardzo – Ada dobrze to wiedziała – ale w jego oczach musiała być nieporadna lub mało rozgarnięta. Czasami kiedy próbowała wyczerpująco odpowiedzieć na pytanie: „Co tam w szkole?" i z entuzjazmem relacjonowała pełen wrażeń dzień, przerywał jej wypowiedź pytaniem:

– Czy jesteś pewna, że to było najlepsze wyjście?

lub

– A rozważyłaś inne opcje?

Nie jest w stanie sobie dokładnie przypomnieć, o czym mu wtedy opowiadała. Pewno o jakiejś kłótni z koleżanką lub dyskusjach na temat wycieczki szkolnej. Mówiła o tym ojcu, żeby się podzielić tym, co przeżywa, a dowiadywała się, co mogła zrobić lepiej lub inaczej.

Choć nie były to sytuacje, które spędzałyby jej sen z powiek, faktycznie czuła się wówczas nieswojo. Dziś określiłaby to swoje wrażenie słowem „nieadekwatna", wtedy myślała o tym bardziej w kategoriach „dziwna". Czyli taka, która nie do końca wie to, co powinna wiedzieć. Wydawało jej się, że wprawdzie tata jej tego nie mówi, ale jego ukochana jedynaczka czasami go rozczarowuje. Nie jest taką córką, jaką mógłby mieć. Być może faktycznie już wtedy nabrała przekonania, że ma się czego wstydzić, bo jest zupełnie inna, niż powinna być.

Wbrew temu, czego oczekiwała, podczas pierwszych kilku spotkań nie rozmawiały z terapeutką zbyt wiele o Grzegorzu. Przynajmniej nie w taki sposób, jak to sobie wcześniej wyobrażała. Miała się skupić na sobie, na tym, co czuje, co przeżywa. Nie sądziła, że to takie trudne.

NOWA PERSPEKTYWA TWORZY NOWĄ RZECZYWISTOŚĆ

Ada kontynuowała terapię z mieszanymi uczuciami. Za każdym razem, kiedy wchodziła na pierwsze piętro w jednej ze starych warszawskich kamienic, serce mocniej jej biło. Nie było to przyjemne uczucie. Mimo to regularnie dwa razy w tygodniu przychodziła na spotkania. Siadała na średnio wygodnym fotelu z Ikei naprzeciwko swojej terapeutki z nadzieją, że tym razem jej stan się poprawi. Przez długi czas miała jednak wrażenie, że jest jeszcze trudniej. Dopiero po dwóch miesiącach poczuła nieznaczną ulgę. Wypłakane łzy razem z wydobywającymi się wraz z nimi uczuciami zrobiły miejsce na rozmowę o tym, w jakiej jest sytuacji. Choć na tym etapie nic w jej relacji z mężem się nie zmieniło, zobaczyła ich związek z nowej, nieznanej dotąd perspektywy. Zdała sobie bowiem sprawę z tego, że wiele jej lęków ma znacznie głębsze korzenie, że na to, jak postrzegała zachowanie Grzegorza, mogło mieć wpływ to, co o sobie myślała, a nie to, co on robił. Odkryła też, że te myśli są interpretacją dawnych zdarzeń, a nie faktami świadczącymi o tym, że coś jest z nią nie tak.

Dopiero podczas terapii **Ada uświadomiła sobie, że nigdy nie zastanawiała się nad tym, czego**

pragnie. Nie potrafiła nazwać swoich potrzeb, określić tego, co jest dla niej ważne. Znacznie łatwiej przychodziło jej mówienie o tym, co kto robi źle. Od samego początku znajomości z Grzegorzem skupiała się na tym, żeby reagować, a nie wychodzić z inicjatywą. Tak czuła się bezpieczniej. Pełen zapału do działania, wiedzący, czego chce, a jednocześnie liczący się (przez długi czas) z jej zdaniem Grzegorz idealnie wpasowywał się w obraz jej idealnego mężczyzny. Przynajmniej na początku ich związku. Kwitła przy facecie, który błyszczał. Jej wystarczyło, że jest częścią tego blasku. Nie musiała wychodzić przed szereg, wystarczyło, że równała krok, raz na jakiś czas pokazując, że na ich drodze pojawiają się kamyki i może warto je zebrać, zanim pójdą dalej.

Ich życie intymne wyglądało podobnie. Może z tą różnicą, że o „kamykach" w łóżku Ada mężowi nie mówiła. Natomiast prawie zawsze to Grzegorz chciał, a kiedy on chciał, to i ona chciała.

Był jej drugim mężczyzną w życiu, po Karolu, z którym spotykała się od czasów liceum aż do końca studiów. Nie pamięta prawie nic z tamtego związku, bo i niewiele jest do pamiętania. Najlepszy uczeń w klasie, a potem najlepszy student na uczelni bardzo jej imponował i przez te wszystkie lata to wystarczało. Mieli nawet jakieś wspólne plany, ale kiedy Karol wyjechał na praktyki do Niemiec, wszystko się rozmyło. Nie cierpiała po rozstaniu, od jakiegoś czasu sama myślała o tym, że nie powinni dłużej być razem. On kochał swoje książki, marzył o karierze naukowej, ona wprawdzie wyobrażała sobie siebie w roli pani profesorowej, ale nie była tą wizją podekscytowana. Może gdyby seks z Karolem był mniej nudny niż jego wykłady o badaniach nad nowymi lekami, związek miałby szansę przetrwać. Nie był, więc bez żalu, korzystając z rozłąki, przestali być parą.

Seks z Grzegorzem od początku zachwycał Adę nie mniej niż jego zaradność i wielkie plany. Potrafił uwodzić, wiedział, co zrobić, żeby czuła się królową nocy. Uwielbiała prawie wszystko, co proponował w łóżku (i poza nim), nawet jeśli nigdy wcześniej o żadnej z tych propozycji by nie pomyślała. Kiedy zdarzało się, że coś nie sprawiało jej przyjemności lub wykraczało poza granice, na których przekroczenie w danym momencie nie była gotowa, starała się pokonać w sobie opór w obawie, że zniechęci go do siebie. Zazwyczaj nie żałowała. Seks w ich związku przez kilka pierwszych lat był naprawdę dobry. Zapewniał im bliskość, dostarczał przyjemności, ale także doskonale rozładowywał napięcia po kłótniach lub trudnych rozmowach.

Dlatego to, że praktycznie przestali ze sobą sypiać, było dla Ady wyjątkowo przygnębiające. Postrzegała brak zainteresowania męża jako dotkliwy, brutalny cios zadany jej kobiecości. Najpierw myślała, że to chwilowa niedyspozycja, że trudno mu się przełamać po okresie ciąży, że za jakiś czas wszystko wróci do normy. Kiedy tak się nie stało, zaczęła się zastanawiać, czy przypadkiem Grzegorz nie ma kochanki. Wstyd się przyznać, ale przez pewien czas sprawdzała jego esemesy i dowiadywała się dyskretnie, jak wyglądają jego spotkania z klientami. Choć bardzo wnikliwie kontrolowała męża przez ponad pół roku, nie znalazła niczego, co potwierdziłoby jej przypuszczenia. Nie mogła zrozumieć, jak to możliwe, że mężczyzna, który potrafił „to" robić niemal w każdym miejscu, stał się kompletnie niezainteresowany seksem. Przestał zabiegać o niego, przestał inicjować zbliżenie. Miała wręcz wrażenie, że unika bliskości i szuka okazji, żeby znaleźć się w łóżku i zasnąć, zanim ona tam dotrze.

Dopiero analizując całą sytuację podczas pracy z terapeutką, Ada rozważyła zupełnie inną opcję. Być może jej uwagi na temat braku seksu w ich małżeństwie, wszystkie pretensje dotyczące tego, że nie uprawiają seksu tak często jak dawniej, mogły działać na jej męża odwrotnie, niż zakładała. Mogło być tak, że Grzegorz odbierał jej wołanie o uwagę jako zarzut, że sposób, w jaki komunikowała to, że brakuje jej zbliżeń z mężem, podważał jego męskość, a nie zachęcał do jej używania.

Nie zastanawiała się wcześniej nad tym, dlaczego sama nigdy nie próbowała uwieść męża, dlaczego oczekiwała, że on to zrobi. W pierwszej chwili sam ten pomysł, nieśmiało rzucony w formie pytania przez terapeutkę, wydawał jej się niedorzeczny. Przecież nie będzie paradować w stringach przed ekranem, kiedy on ogląda mecz!

Kiedy o tym rozmawiały, Ada zamyśliła się na chwilę, usiłując sobie przypomnieć, kiedy ostatni raz miała na sobie stringi. To były wakacje przed urodzeniem Zuzy. Wybrali się na spacer o północy. Byli na samym końcu sopockiego mola, kiedy zaczęło padać. Zanim dobiegli do hotelu, nie było na nich ani jednej suchej nitki. Nigdy nie zapomni trwającej niecałą minutę podróży windą, podczas której Grzegorz ściągnął z niej wszystko. Poza stringami. Bała się, że na korytarzu spotkają któregoś z gości hotelowych, ale to nie był ten rodzaj strachu, którego nie chciałaby więcej przeżywać. Podniecona do granic możliwości, wyskoczyła z windy, udając, że ucieka, szczęśliwa, że on biegnie krok za nią. Kochali się wtedy przez całą noc, z krótkimi przerwami na szampana i paluszki, które zastąpiły im truskawki. Przypomniało jej się, że kiedy około południa następnego dnia otworzyła oczy i zobaczyła na poduszce obok twarz swojego śpiącego mężczyzny, czuła się najszczęśliwszą kobietą na świecie. Owiana tym wspomnieniem Ada uśmiechnęła się w sposób, w jaki myślała, że nie potrafi się już uśmiechać.

Tego dnia, siedząc w gabinecie terapeutki, Ada po raz pierwszy od dłuższego czasu poczuła do swojego męża coś innego niż tak dobrze jej znaną złość czy żal. Nadal nie wiedziała, czy mają szansę odbudować małżeństwo, ale dostrzegła możliwość zabrania się do tego zupełnie inaczej niż do tej pory. Przez ostatnie lata widziała w Grzegorzu jedynie sprawcę swojego nieszczęścia, obojętnego i zimnego faceta, z którym miała coraz mniej wspólnego.

Zarzucała mu, że nie sypiają ze sobą, ale tak naprawdę nie wyobrażała sobie, że mogłaby uprawiać seks z kimś, do kogo ma tyle żalu. Marzyła o tym, żeby spędzali wspólnie czas, ale jego zachowanie irytowało ją tak bardzo, że kiedy tylko był w pobliżu, nie mogła się oprzeć, żeby nie wypomnieć mu, co robi źle, lub w najlepszym przypadku nie ukarać go ostentacyjnym milczeniem. Chciała bliskości, jednak nie od tego mężczyzny, którym stał się Grzegorz w jej oczach. W zasadzie już od dłuższego czasu nie myślała o nim jak o mężczyźnie. Przypominając sobie noc sprzed lat, dostrzegła nie tylko zupełnie innego faceta w swoim mężu, ale zobaczyła także, że i ona była wówczas całkiem inną kobietą...

Im dłużej Ada pracowała nad sobą, tym bardziej zmieniał się sposób, w jaki widziała to, co się z nią działo. Zdała sobie sprawę, że pod smutkiem, który ostatnio towarzyszył jej najczęściej, jest jeszcze wiele innych uczuć. W tym lęk o to, że straci coś ważnego, że jej świat rozsypie się na kawałki i nie będzie umiała go pozbierać. Choć była dorosłą kobietą i doskonale radziła sobie w życiu, przynajmniej zawodowym, czuła się jak bezradna mała dziewczynka, która nie ma wpływu na swoje życie. Jak wtedy, gdy przepisywała po raz kolejny zeszyty w swoim pokoju, bo bała się wyjść i zobaczyć, co się dzieje z jej mamą i tatą. Dzięki temu odsuwała od siebie paraliżującą obawę o to, że kiedy opuści swój pokój, zobaczy coś, czego nie miała siły unieść: cierpienie rodziców. Teraz bała się tak samo mocno, choć już dawno przestała siedzieć nad lekcjami.

Była też zła, bardzo zła na Grzegorza i na to, że ją opuszcza. Nie mogła mu wybaczyć, że izoluje się od niej, że zostawia ją samą. Przecież tyle razy próbowała mówić do niego, krzyczeć. Tak wiele starań włożyła w to, żeby nie tracili kontaktu. Nie uciekała, nie udawała, że nie ma problemu, tylko mówiła, co jest nie tak. Jej zdaniem sygnalizowała mu swój stan na milion sposobów.

ŻYLI DALEJ RAZEM DŁUGO I SZCZĘŚLIWIE?

Czy historia Ady dobrze się skończy? Czy jej związek przetrwa, a raczej: czy ma szansę się rozwinąć w głębszą, lepszą relację? Nie wiem. To zależy od tego, ile pracy ona i Grzegorz włożą w to, żeby tak się stało. Może się także okazać, że któreś z nich, lub oboje, dojdzie do wniosku, że nie powinni być razem, i zdecydują się rozstać. Jednak niezależnie od tego, co się wydarzy, Ada zrobiła ważny krok – zajęła się sobą w sposób, który pomoże jej znaleźć wyjście z trudnej sytuacji.

Uświadomiła sobie, że stan, w którym się znalazła, jest w dużej mierze konsekwencją jej własnego postępowania. Oczekiwanie, że Grzegorz domyśli się, jakie są jej potrzeby na podstawie zgłaszanych przez nią zarzutów i pretensji, było nie do spełnienia. Poza tym ona sama nie zastanawiała się nigdy wcześniej nad tym, co jest dla niej naprawdę ważne. Wiedziała, że go kocha, przynajmniej na początku ich związku, ale nie potrafiła sobie odpowiedzieć na pytanie, co to dla niej oznacza. Czy akceptuje go takim, jaki jest, czy jest ciekawa jego jako człowieka i czy chce wiedzieć, co jest dla niego ważne. A może zamknęła go w swoim wyobrażeniu na jego temat.

Czekanie na cud, podobnie jak analizowanie w nieskończoność tego, co nas przygnębia, nie pomaga wydobyć się z impasu. Żeby zmienić nasze życie, trzeba najpierw zmienić sposób myślenia o nim, dostrzec nowe możliwości, zacząć działać inaczej niż dotąd. Nie ma gwarancji, że to wpłynie na naszego partnera i że on także zechce wykonać tę pracę, ale z całą pewnością ta droga daje większe szanse na odzyskanie równowagi wewnętrznej i powrót chęci do życia.

A może być bardzo różnie. Znam wiele par, zwłaszcza tych z pokolenia moich rodziców, które wybierając model pt. „przetrwanie", przeżyły ze sobą wiele lat. Lęk przed samotnością był silniejszy od cierpienia przeżywanego w pustym, pozbawionym uczucia, a czasami także szacunku związku. Presja na utrzymanie rodziny za wszelką cenę, obawa przed oceną i niezrozumieniem ze strony bliskich, skomplikowane sprawy majątkowe, a także silne przekonanie, że w małżeństwie wystarczy się nie pozabijać, żeby móc ze sobą być, to tylko kilka powodów, dla których wiele związków nie zdecydowało się rozstać.

Znam też pary, które poddały się przy pierwszych trudnościach, bo jak tylko minęła faza romantycznego zauroczenia i dzikiej namiętności, oboje lub jedno z nich, rozczarowane, zdecydowało się szukać swojego szczęścia w ramionach innej osoby. **Łatwo ulec złudzeniu, że życie jak z bajki można wieść nie tylko w filmach czy na zdjęciach z Instagrama, ale także w realu.** Perspektywa wiecznie uśmiechniętej i zapatrzonej w siebie pary kochanków jest kusząca. Na tyle, że wiele osób, nie zastanawiając się nad jej autentycznością, postanawia taki stan uczynić celem swojego życia.

Jednak zdecydowanie najwięcej znam związków, które podobnie jak Ada i Grzegorz znalazły się w miejscu, w którym nie potrafią sobie odpowiedzieć na pytanie „co dalej?". Zawieszeni między tym, czego pragną, a tym, co jest, idą przez życie wspólnie, choć w zasadzie osobno.

Współcześnie niełatwo jest odwołać się do jakiegokolwiek modelu, który pomógłby określić, co to znaczy dobry związek. Wiadomo, że już nie chodzi o to, że samemu trudniej przetrwać, czy też że we dwoje łatwiej zorganizować sobie życie. Jesteśmy coraz bardziej samowystarczalni. Jednak niezależnie od wszystkich zmian kulturowych i społecznych, niezależnie od tempa życia, które wyprzedza zmianę naszych przyzwyczajeń, niezmiennie potrzebujemy miłości. Chcemy kochać i być kochani, a tę potrzebę trudno zrealizować w pojedynkę. Dlatego dążenie do dzielenia z kimś życia i zbudowania dającej poczucie szczęśliwości relacji są jednym z naszych kluczowych pragnień.

Znalezienie partnera, a już z pewnością założenie z nim rodziny wydają się gwarancją tego, że udało nam się ułożyć sobie życie we dwoje, że teraz już będzie „z górki". Skoro zdecydowaliśmy się na coś więcej niż przelotny romans, skoro zadeklarowaliśmy, że chcemy być razem na dobre i na złe, to można by pomyśleć, że najtrudniejsze za nami. Przecież łączą nas wspólne sprawy, dom, dzieci i cała masa wynikających z faktu założenia rodziny obowiązków. Zapominamy o tym, że bliska relacja z drugim człowiekiem wymaga innego rodzaju troski niż organizowanie codziennego życia. Co ważniejsze, żeby być szczęśliwym z partnerem, trzeba najpierw umieć być szczęśliwym ze sobą.

NIC SIĘ NIE DZIEJE BEZ PRZYCZYNY

Historia Ady i Grzegorza to tylko jeden z wielu przykładów związków, w których brak wiedzy partnerów o sobie i własnych potrzebach, a także brak komunikacji pomiędzy

Czekanie na cud, podobnie jak analizowanie w nieskończoność tego, co nas przygnębia, nie pomaga wydobyć się z impasu. Żeby zmienić nasze życie, trzeba najpierw zmienić sposób myślenia o nim, dostrzec nowe możliwości, zacząć działać inaczej niż dotąd. Nie ma gwarancji, że to wpłynie na naszego partnera i że on także zechce wykonać tę pracę, ale z całą pewnością ta droga daje większe szanse na odzyskanie równowagi wewnętrznej i powrót chęci do życia.

nimi może prowadzić do poważnego kryzysu. W ich przypadku prawie do rozstania.

Kryzys rzadko jest czymś, co przychodzi nagle i niespodziewanie. Zazwyczaj jest konsekwencją wielu zdarzeń. Nie dostrzegamy sygnałów lub je ignorujemy, bo mamy tendencję do utrzymywania stanu stwarzającego iluzję bezpieczeństwa tak długo, jak udaje nam się w nim przetrwać. Myśl o zmianie budzi w nas taki lęk, że nie bardzo mamy ochotę zabierać się do reformowania naszego życia. Jesteśmy wyposażeni w zestaw instrumentów pozwalających widzieć sprawy w taki sposób, w jaki jest nam wygodnie. Racjonalizujemy, koloryzujemy, tłumaczymy. Krótko mówiąc, robimy, co się da, żeby rzeczywistość – a raczej wyobrażenie o niej, które tak pieczołowicie budowaliśmy – pozostała nienaruszona.

Przychodzi jednak moment, kiedy nic nie pomaga. Jeśli kryzys zaczyna dawać znać o sobie na głębszym poziomie, niełatwo jest udawać, że go nie ma. Dostajemy sygnały bezpośrednio od naszego ciała. Nie możemy spać w nocy, w dzień popadamy w apatię, nasze mięśnie bolą jak po kilku godzinach na siłowni, choć od dawna nie ćwiczyliśmy wcale. Emocje też nie pozwalają się trzymać w ryzach, płacz pojawia się w najmniej oczekiwanych okolicznościach, drobiazgi wyprowadzają nas z równowagi. Popadamy w irytację lub rozpacz, wydawałoby się, że bez konkretnego powodu. Zaczynamy, podobnie jak Ada, coraz boleśniej odczuwać skutki tego, że jest nam źle.

Zazwyczaj oceniamy poważne problemy w związkach przez pryzmat konkretnych zdarzeń dużego kalibru, takich jak „nagła" decyzja o rozstaniu któregoś z partnerów czy zdrada. Cała nasza uwaga skupia się wówczas na wyszukiwaniu w „winnym" zaistniałej sytuacji cech i zachowań, które, najwidoczniej ukrywane przez niego latami, wreszcie dały o sobie znać. Szukamy w przeszłości dowodów na to, że był (lub była) zły (lub zła), tylko my w swojej naiwności tego nie dostrzegaliśmy. Albo dostrzegaliśmy, a mimo to wspaniałomyślnie kochaliśmy dalej z nadzieją, że nasze poświęcenie zostanie docenione.

Dramat rozstania rozgrywa się w kilku aktach i do jego pełnego zakończenia potrzeba dużo czasu. Znacznie łatwiej sobie z nim poradzić, kiedy mamy przekonanie, że do rozpadu związku doszło bez naszego udziału. Przynajmniej pozornie łatwiej. Bycie ofiarą ma swoje zalety, pozwala utulić zranione ego, podbudować zrujnowane poczucie własnej wartości, odciąga uwagę od refleksji nad sobą i nad tym, co dalej. O ile przez jakiś czas taki sposób przeżywania porażki w związku może być pomocny, bo przynosi ulgę

Zazwyczaj oceniamy poważne problemy w związkach przez pryzmat konkretnych zdarzeń dużego kalibru, takich jak „nagła" decyzja o rozstaniu któregoś z partnerów czy zdrada. Cała nasza uwaga skupia się wówczas na wyszukiwaniu w „winnym" zaistniałej sytuacji cech i zachowań, które, najwidoczniej ukrywane przez niego latami, wreszcie dały o sobie znać.

i minimalizuje rozmiar poniesionej straty, o tyle na dłuższą metę nie wystarcza, żeby podnieść się z kolan i z nowymi siłami stanąć na nogach. **Choć zabrzmi to okrutnie, zwłaszcza w stosunku do wszystkich zdradzonych i porzuconych, myślę, że rzadko odpowiedzialność za rozpad związku jest po jednej stronie.** Nie oznacza to w żaden sposób, że usprawiedliwiam zdradę lub popieram zostawianie partnera w rozpaczy. Chcę jedynie powiedzieć, że bardzo często dramaty będące oficjalnie powodem rozstania są jedynie smutnym finałem trwającego od dłuższego czasu kryzysu. Tyle że dopóki w relacji panuje względny spokój, dopóki przynajmniej jedno z partnerów wytrzymuje napięcie lub zmierzającą do stagnacji rutynę, całą naszą energię lokujemy w próbach utrzymania tego, co jest, a nie w zastanawianiu się nad tym, co będzie.

MIŁOŚĆ TO DAR, ZWIĄZEK TO PRACA

Początki zawsze są piękne. Nawet jeśli towarzyszy im napięcie związane z niepewnością, kłótnie lub inne przeszkody. Owładnięci namiętnością widzimy wszystko przez różowe okulary. Stres nazywamy dreszczykiem emocji, awantury

– sprzeczkami kochanków, a problemy dodają związkowi pikanterii. Jak jest chemia, to już jest dobrze, a kiedy do dobrego seksu dodamy jeszcze wspólne pasje lub marzenia, nabieramy przekonania, że znaleźliśmy drugą połówkę.

Rzadko w pierwszych miesiącach znajomości zastanawiamy się nad tym, jakim człowiekiem jest nasz partner. Przecież my to wiemy (!), takie rzeczy się czuje. Jeśli nawet pojawiają się sygnały świadczące o tym, że być może nasz wybranek lub wybranka ma cechy, z którymi trudno będzie żyć, bo świadczy o tym jego/jej przeszłość albo któreś z zachowań, nie zrażamy się. W końcu przy nas albo dla nas to zmieni. A jak nie, to... my go/ją zmienimy. Kobiety zdecydowanie przodują w snuciu planów naprawczych swoich partnerów, ale i panowie są w tym nieźli. Wprawdzie nieco inaczej się do tego zabierają, bo rzadziej wchodzą w rolę rodzica swojej żony, ale bycie mentorem bardzo im odpowiada.

Faza zakochania, zauroczenia czy namiętności (różnie nazywana przez laików i naukowców) pozbawiona jest zazwyczaj głębszej refleksji nad tym, czy osoby w nią zaangażowane faktycznie są gotowe spędzić ze sobą życie, a przynajmniej jego sporą część. Bez względu na to, jak długo udaje się utrzymać ten samonakręcający się stan, przychodzi czas, kiedy zaczynamy widzieć nasz związek w świetle dziennym. Nie musi to wcale oznaczać końca ekscytacji, ale z pewnością zmienia się jej poziom. Dociera do nas, że partner, choć jest częścią całości, jaką stanowi związek, jest też zupełnie odrębną jednostką. Nie zawsze potrafimy się z tym odkryciem zmierzyć.

KTO ODPOWIADA ZA MOJĄ SZCZĘŚLIWOŚĆ?

Niezależnie od tego, w jakim momencie i z jakiego powodu po raz pierwszy przychodzi nam do głowy myśl: „Czy to ma sens?", z reguły poprzedza ją wiele trudnych konfrontacji i prób ratowania sytuacji. Rzadko kiedy jedno zdarzenie sprawia, że zadajemy sobie takie pytanie. Często mamy wrażenie, że zrobiliśmy, co w naszej mocy, żeby było lepiej, a mimo to jest źle. **Problem polega na tym, że najczęściej to, co chcemy zmienić w związku, co ma sprawić, że poczujemy się lepiej, dotyczy tego, co powinien robić albo czego ma nie robić nasz partner.** O ile oczywiste jest, że życie we dwoje wymaga wielu wspólnych decyzji, bo nie da się tworzyć dobrej relacji, zajmując się wyłącznie sobą, o tyle iluzja, zadba o nasze samopoczucie w stopniu, który nas z tej odpowiedzialności zwalnia, jest bardzo szkodliwa.

„On sprawia, że nie czuję się kobietą"
„Ona osłabia moje poczucie męskości"
„Przez niego czuję się taka samotna"
„Przy niej czuję się niepotrzebny"

Padają oskarżenia – tak jakbyśmy oczekiwali, że za sprawą drugiej osoby przywrócone nam zostanie poczucie własnej wartości, którego sami nie potrafimy wzmocnić lub nigdy nie byliśmy w stanie zbudować. **Cudownie jest mieć blisko kogoś, kto potrafi sprawić, że czujemy się lepsi, jednak nie może być tak, że bez tego kogoś praktycznie nas nie ma.** Jeśli szukamy w drugiej osobie lustra, nic dziwnego, że odbicie, które w nim widzimy, nie zawsze nam odpowiada.

Im dłużej trwa związek, tym większą każdy z nas ma skłonność do tego, żeby w nim być sobą. Już nie musimy zabiegać o akceptację tak bardzo jak na początku znajomości, nie musimy się dostosowywać, często wbrew własnej woli, do oczekiwań drugiej strony. Szukamy dla siebie miejsca, przestrzeni, która pozwoli nam normalnie funkcjonować. Na tym etapie najczęściej dochodzi do pierwszych trudności. Odbieramy zachowanie partnera jako zagrażające nam, skierowane przeciwko naszej miłości.

„Skoro tak jej się podobały nasze wspólne wypady za miasto, a od jakiegoś czasu twierdzi, że woli spędzać czas ze znajomymi, to prawdopodobnie mniej mnie kocha, widocznie przestałem jej wystarczać". „Jeśli do tej pory zawsze oglądaliśmy wspólnie filmy, a teraz on mówi, że nie ma na to ochoty, to najwyraźniej coś jest nie tak".

Bywa, że latami, zupełnie nieświadomie, podobnie jak Ada, na podstawie własnych domysłów i interpretacji wzmacniamy w sobie przekonanie o braku miłości ze strony partnera. Zwłaszcza w związkach, które przez jakiś czas funkcjonowały niemalże symbiotycznie, nagła zmiana sytuacji wywołuje niepokój. Pojawia się pustka bardzo trudna do wypełnienia. Kiedy okazuje się, że istnieje świat poza tym, co możemy robić we dwoje, a nie bardzo mamy czym tę pojawiającą się przestrzeń zagospodarować, tracimy poczucie bezpieczeństwa. Uznanie, że w dobrych związkach ludzie potrzebują dla siebie wolności, brzmi jak zapowiedź wielkiego nieszczęścia.

Wolność w związku kojarzy nam się z opuszczeniem, zaniedbaniem, zdradą. Nie przychodzi nam do głowy, że tak naprawdę boimy się utraty kontroli nad partnerem. Chcemy mieć kogoś na własność, bo to łatwiejsze, niż z kimś być.

Zwłaszcza jeśli nie do końca wiemy, czego potrzebujemy sami, co się dla nas szczególnie liczy, a co jest mniej istotne.

Wiara w to, że sens własnego życia dostaniemy w prezencie od drugiego człowieka, czyni zarówno z nas, jak i z niego niewolnika tego złudzenia.

Dzielenie się z drugim człowiekiem, wzajemne dawanie sobie to wspaniałe doświadczenie i wielka wartość. Tylko że aby coś dać albo umieć przyjąć dar, jakim jest miłość drugiego człowieka, trzeba najpierw to mieć. Trzeba wiedzieć, co to znaczy być kochanym. Jeśli wchodzimy w związek po to, żeby przekazać w czyjeś ręce odpowiedzialność za nasze samopoczucie, prawdopodobnie czeka nas rozczarowanie. Partnera będziemy wpędzać w coraz większe poczucie winy, a sobie stworzymy wygodną klatkę z poczucia krzywdy. Przecież jeśli to on lub ona sprawia, że jest mi źle, to nie ja mam coś z tym zrobić.

Choć takie spojrzenie na swój los bardzo nas ogranicza, wbrew pozorom ma też wiele korzyści. Wprawdzie niewiele zmienia w naszej relacji i rzadko prowadzi do odzyskania zagubionego nie wiadomo gdzie poczucia szczęścia lub odbudowania się po porażce. Ale czasami stwarza iluzję bohaterskiego i moralnego zwycięstwa. Wspomniana wyżej rola ofiary, wbrew pozorom, świetnie się do tego nadaje. Nie wynika z zimnej kalkulacji, ale z nieświadomego powtarzania wyuczonych (najczęściej w dzieciństwie) strategii postępowania. Tak właśnie było w przypadku Marzeny (przyjaciółki Ady), którą za chwilę poznamy.

Jeśli od dzieciństwa obserwowaliśmy model związku, w którym nie było mowy o „dobrej wymianie", czyli zachowaniu odpowiednich proporcji pomiędzy braniem a dawaniem, jeżeli wychowywaliśmy się w domu, gdzie brakowało poczucia bezpieczeństwa, możemy mieć skłonność do wchodzenia w role, które stwarzają nam iluzję panowania nad sytuacją (kontroli).

Zachwianie równowagi w relacjach może prowadzić do uwikłania się w cykl zwany trójkątem Karpmana. Ta sama osoba występuje kolejno w trzech rolach: ratownika (zbawcy), prześladowcy (kata), a potem ofiary. Najpierw otacza partnera nadmiarową troską i opieką, daje znacznie więcej, niż otrzymuje, zapomina o własnych potrzebach. Tak jakby bez jej udziału partner nie był w stanie przetrwać. Ogromne koszty, jakie ponosi, sprawiają, że z czasem zaczyna odczuwać zmęczenie, wypalenie i frustrację. Zaczyna mieć dosyć skutków takiego postępowania. Niestety, nie szuka przyczyny tego stanu we własnym zachowaniu, lecz w braku wdzięczności ze strony partnera. Irytacja i poczucie niesprawiedliwości sprawiają, że dotychczasowy ratownik zmienia się w prześladowcę. Czuje złość i niechęć do tego, kto wcześniej był ratowany. Obarcza tę osobę winą i na każdym kroku demonstruje niezadowolenie. Zalewa ją pretensjami, karze zmiennymi humorami i własnym rozdrażnieniem. W końcu partner nie wytrzymuje niezliczonych uwag, napięcia czy wybuchów złości. Dochodzi do konfrontacji. Atakowany zaczyna atakować. Nasz prześladowca zostaje ofiarą. Ma poczucie krzywdy, że nie tylko nie został doceniony, ale i dotkliwie ukarany za swoje poświęcenie oraz dobre serce.

Niełatwo się wyzwolić spod wpływu tej strategii postępowania, więc bardzo często w kolejnych związkach ten cykl zostaje powtórzony. Zobaczmy, jak to było u Marzeny.

KOBIETA, KTÓRA TRAFIAŁA NA ZŁYCH FACETÓW... I JEJ PUNKT WIDZENIA

Marzena ma duże doświadczenie w związkach. Była na terapii, na wielu mądrych kursach i przeczytała mnóstwo książek na temat tego, jak być szczęśliwą. Uwielbia babskie spotkania, podczas których może się podzielić swoją wiedzą i pomóc przyjaciółkom, które czują się bardziej zagubione. Ona akurat wie, czego chce. Niczego w życiu nie żałuje i ma poczucie, że najlepsze jeszcze przed nią.

Dzielenie się z drugim człowiekiem, wzajemne dawanie sobie to wspaniałe doświadczenie i wielka wartość. Tylko że aby coś dać albo umieć przyjąć dar, jakim jest miłość drugiego człowieka, trzeba najpierw to mieć.

Aktualnie spotyka się z Jarkiem. Wprawdzie są parą zaledwie od kilku tygodni, ale Marzena jest pewna, że tym razem trafiła na miłość swojego życia. Kto może to wiedzieć lepiej od niej? W końcu ma za sobą dwa nieudane małżeństwa i jeden równie nieudany ponadroczny związek, w którym do ślubu nie doszło. I dobrze, że nie doszło, bo dzięki temu zaoszczędziła sobie kilku kolejnych lat straconego życia. Jest coraz mądrzejsza, bogatsza w doświadczenia, to nie ulega wątpliwości. Dlatego tym razem wie, że wreszcie trafiła dobrze.

Poznała Jarka na tygodniowych warsztatach z asertywności, które odbywały się w pięknym ośrodku na Mazurach. Oboje lubią inwestować w rozwój osobisty i, jak się okazało, oboje uwielbiają jeziora. Po kilku dniach, które spędzili ze sobą, wykorzystując każdą chwilę po zajęciach na rozmowy i długie spacery, Marzena miała wrażenie, że znają się od zawsze, że są bratnimi duszami. Dwiema połówkami jabłka.

Już pierwszego dnia dało się zauważyć, że Jarek jest zupełnie inny niż cała reszta piętnastoosobowej grupy. Usiadł naprzeciwko niej pod oknem, odsuwając nieco swoje krzesło poza linię wyznaczonego przez prowadzącego kręgu. Niewiele mówił, ale słuchał każdego z zainteresowaniem i uwagą. A kiedy się wreszcie odezwał i zaczął opowiadać o sobie, miała wrażenie, że opowiada jej historię. Lata poświęceń, rezygnowania z własnych priorytetów, wytrzymywania upokorzeń, a w zamian co? Nic. W przypadku Jarka nawet gorzej niż nic, bo po dwudziestu latach z żoną, dla której praktycznie zrezygnował z własnego życia, ona odeszła z innym. Jarek zdecydowanie należał do osób, które w związku dają więcej niż partner, a w zasadzie wyłącznie dają i nie otrzymują niczego w zamian.

Marzena uważała, że ma dokładnie ten sam problem. Według niej byli do siebie bardzo podobni. Każde z nich pozwalało sobie wchodzić na głowę w poprzednich związkach. Każde z nich dotychczas trafiało na złych partnerów, którzy nie doceniali tego, co mieli. Tyle że zdaniem Marzeny ona miała więcej szczęścia i siły niż Jarek, bo za każdym razem wcześniej udawało jej się uwolnić. Jej związki nie trwały dwadzieścia lat.

Pierwsze małżeństwo, tak zwany błąd młodości, rozpadło się już po roku, kiedy okazało się, że on woli kolegów od żony. Drugie przetrwało prawie pięć lat tylko dlatego, że Marzena bardzo długo i cierpliwie znosiła zdrady i upokorzenia. Na darmo, jak się okazało, bo w końcu mąż zapłacił jej za to poświęcenie, odchodząc z koleżanką z pracy. Do trzeciego ślubu nie doszło dzięki temu, że w porę zareagowała. Jak tylko zorientowała się, że niedoszły mąż pokazuje, kim naprawdę jest, i coraz częściej sprawia, że ona przez niego płacze – spakowała walizki.

Dużo ją to kosztowało. Chodziła nawet przez jakiś czas na terapię. Usłyszała, że być może ma skłonność do związków, w których kontrola jest metodą na ich utrzymanie, bo podobnie mieli jej rodzice. W pewnym stopniu była w stanie się z tym zgodzić. Tyle że nie nazwałaby tego „metodą rodziców". Ojciec nadużywający alkoholu i mama, która przez całe życie trzymała wszystko w ryzach. Bez niej dom by nie istniał, jej poświęcenie nie było przecież wyborem, tylko koniecznością. Jako kobieta zapłaciła ogromną cenę za uratowanie ich rodziny, a co ją za to spotkało? Po trzydziestu latach małżeństwa została sama. Tatuś cudownie ozdrowiał na stare lata, przestał pić i w przypływie oświecenia, zamiast podziękować żonie, puścił ją kantem. Żyje sobie z jakąś gówniarą młodszą od własnej córki. Podobno jest szczęśliwy. Żałosne, podobnie jak on sam.

Marzena nigdy nie wybaczyła ojcu. Ostatni raz rozmawiali ze sobą dwa lata temu, kiedy zaprosił ją na kolację, już po rozstaniu z mamą. Miała nadzieję, że coś zrozumiał i chce pogadać o tym, jak wrócić do domu, więc zgodziła się przyjąć zaproszenie. Widocznie była bardzo naiwna. Okazało się, że ojciec nie tylko nie zamierza się tłumaczyć, ale jeszcze chciał ją nastawić przeciwko matce! Usiłował jej wmówić, że jest jakaś druga strona medalu, że choć był złym mężem i tatą, nie wszystko, co robił, było beznadziejne. Niby twierdził, że mu przykro, przepraszał, ale i tak postanowił zrobić swoje. Kosztem mamy, bez cienia współczucia, jak ostatni egoista. Marzena nie utrzymuje z nim od tamtej pory kontaktu.

Jak zatem Marzena miała uwierzyć w to, że jej rodzice „wybrali jakąś metodę"? Dla każdego przy zdrowych zmysłach jest oczywiste, że jej mama nie miała żadnego wyboru. Trafiła na faceta, który zmarnował jej życie, wykorzystał miłość i poświęcenie, żeby po latach zostawić ją samą, bez szans na ułożenie sobie życia.

Marzena jest bardzo wdzięczna mamie, nie tylko za to, co dla niej zrobiła, kiedy ona była dzieckiem, ale także za wsparcie, jakie jej do dziś okazuje. Jest przy niej w trudnych chwilach, pomaga jej we wszystkim. To dzięki popełnionym przez nią błędom Marzena wie, jakie to ważne, żeby sobie nie zmarnować życia. Może czasami mama bywa nadopiekuńcza i zbyt mocno interesuje się życiem córki, ale przecież wiadomo, że ma dobre intencje, że chce jej dobra.

Dlatego właśnie Marzena na pewnym etapie uznała, że powinna zrezygnować z terapii. Decydując się na jej kontynuowanie, czułaby się nielojalna w stosunku do własnej matki. Gdyby przyjęła do wiadomości, że każde z jej rodziców było odpowiedzialne za ich małżeństwo, okazałaby się taką samą egoistką jak ojciec. Nie można ofiary obarczać odpowiedzialnością za coś, na co nie miała wpływu. Nieludzkie byłoby obwinianie mamy o to, że ratowała rodzinę.

Prawda według Marzeny jest taka, że trzeba trafić na odpowiednią osobę. Na kogoś, kto umie nas docenić, sprawić, że przy nim będziemy się czuć szczęśliwe. Prawdziwy mężczyzna jej zdaniem nigdy nie dopuści do tego, żeby kobieta przez niego cierpiała. Powinien ją wspierać i rozumieć, czynić ją kimś wyjątkowym. Wiadomo, że „najlepszym zwierciadłem dla kobiety są oczy zakochanego mężczyzny".

KOBIETA, KTÓRA TRAFIAŁA NA ZŁYCH FACETÓW... I INNY PUNKT WIDZENIA

Konsekwentne trwanie przy swoich przekonaniach dawało Marzenie poczucie kontroli nad rzeczywistością, czyli nie tylko nad swoim życiem, ale też wszystkim dookoła. Oczywiście kontrolowała świat jedynie we własnym wyobrażeniu. Do perfekcji opanowała sztukę interpretowania tego, co się dzieje w jej związkach, w sposób, który wpisywał się w jej scenariusz. A ten był zawsze podobny.

Wiązała się z mężczyznami, którzy od początku wykazywali gotowość do przekazania swojego życia w jej ręce.

W zamian dawali jej to, czego potrzebowała: wdzięczność, podziw, a nawet zachwyt. Kiedy jednak mijała faza zauroczenia i okazywało się, że ci, których ratowała, potrafią już stać na własnych nogach lub też nadal kuleją, ale niekoniecznie chcą jej pomocy, zaczynały się problemy. Ona chciała wszystko kontrolować. Oczekiwała absolutnej lojalności, tłumaczenia się niemalże z każdej minuty życia, spędzania razem wszystkich wolnych chwil, a oni próbowali za wszelką cenę wydobyć się spod jej wpływu. Wycofywali się, unikali kontaktu, zamiast do niego dążyć.

Rozczarowana i rozgoryczona robiła, co w jej mocy, żeby temu zapobiec. Wzbudzała poczucie winy. Tłumaczyła, płakała. Kiedy nie pomagało, wypominała, jak wiele poświęciła dla nich i jak bardzo są niewdzięczni. Próbowała wszystkich znanych sobie sposobów. Od cichych dni zakończonych bólem głowy przed pójściem do łóżka do awantur pełnych wyrzutów i pretensji. Po emocjonalnych wybuchach, w których nie przebierała w słowach, ogarniał ją wstyd, a także lęk, że zostanie opuszczona. Zabierała się więc do naprawiania związku po dobroci. Krzycząca baba zamieniała się w cudowną żonę. Pięknie posprzątane mieszkanie, uprane, poprasowane ubrania i ona w seksownej sukience podająca kolację. Przez jakiś czas to działało i po wielkich przeprosinach z obu stron kończyło się w łóżku. Po udanym seksie padały deklaracje, że „to się więcej nie powtórzy". On obiecywał, że się poprawi, cokolwiek to miało oznaczać, a ona mu wierzyła.

Terapeuta Marzeny odwołał się do wzorca małżeństwa jej rodziców prawdopodobnie dlatego, że podobnych „narzędzi" mogła używać w relacjach z tatą jej mama. Uzależnienie, w tym przypadku od alkoholu, jednego z członków rodziny wpływa na nieprawidłowe funkcjonowanie całego domu. Nikt nie czuje się bezpiecznie, nieprzewidywalność reakcji osoby uzależnionej wprowadza napięcie i poczucie zagrożenia. Życie przez wiele lat u boku takiego partnera może spowodować wykształcenie i utrwalenie specyficznego – i zaburzonego – sposobu adoptowania się do tych trudnych warunków. Próby utrzymania równowagi w domu sprowadzają się do różnego rodzaju strategii radzenia sobie, których celem jest zapanowanie nad sytuacją. Dokładniej: zapanowanie nad postępowaniem drugiej osoby lub nad skutkami jej postępowania. Na przykład żona pijącego męża, który kolejny raz wypił zdecydowanie za dużo, następnego dnia tłumaczy jego szefowi, że jest chory. Żeby to lepiej wyjaśnić, króciutko opowiem wam o Joli.

PANI DOKTOROWA

Jola, jedna z moich klientek, mądra, wykształcona i odpowiedzialna osoba, wielokrotnie usiłowała minimalizować skutki picia jej męża, równie mądrego i wykształconego pana doktora. Robiła to w poczuciu, że ratuje nie tylko jego reputację, ale także ich małżeństwo. Na początku związku wierzyła, że on tak dużo pije, bo ma coraz bardziej stresującą pracę, i że przyjdzie moment, kiedy minie stres i on przestanie pić. A przynajmniej ograniczy alkohol. Czuła się w absolutnym obowiązku „pomagania" mu. Przecież jeśli lekarz po całym ciężkim dniu pracy chce odreagować i porządnie się napić, nie ma w tym nic złego. Nawet jeśli to „porządne napicie" powoduje, że o czwartej nad ranem w drodze do sypialni pan doktor sika do szafy, bo jest przekonany, że to toaleta...

Jola nie tylko sprzątała po tego typu wypadkach, ale jeszcze starała się nie martwić męża tym, że nie trafił do łazienki. Nie było to trudne, bo rano i tak nic nie pamiętał. Za każdym razem, kiedy nieprzytomny po alkoholowej nocy nie był w stanie wstać z łóżka, tłumaczyła go przed przełożonymi. Odwoływała w ostatniej chwili prywatnych pacjentów, elegancko kłamała przez telefon, że „pan doktor miał nagłą operację i musiał pojechać do szpitala" albo że „konferencja naukowa za granicą się przedłużyła i nie zdążył na samolot".

Taki stan rzeczy ciągnął się przez lata, zanim dotarło do niej, że jej mąż ma coraz większe problemy, bo pije, a nie – że pije, bo ma coraz większe problemy. Punktem zwrotnym dla Joli była sytuacja, która mogła się skończyć dramatycznie. Jej mąż spowodował wypadek. Wracali z kolacji, podczas której wypił znacznie więcej niż lampkę wina i wbrew prośbom żony wsiadł za kierownicę. Było późno, ulice prawie puste i kiedy już zostało im kilka minut do domu, zza zakrętu wyjechał rowerzysta. Jola do końca życia będzie pamiętała ten przerażający pisk opon. Nigdy nie zapomni ulgi, jaką poczuła kilka sekund później, kiedy zobaczyła, że leżący parę metrów dalej chłopak wstaje.

Jednak najbardziej utkwiły jej w pamięci słowa męża wypowiedziane, jak tylko zobaczył, że otworzyła oczy. „Przesiądź się ze mną, natychmiast, zanim przyjadą gliny". Właśnie wtedy Jola przysięgła sobie, że pomaga mu po raz ostatni. Że już nigdy więcej nie będzie sprzątała po mężu, nie będzie udawała, że nic się nie stało. Znany i ceniony lekarz kilka chwil po potrąceniu rowerzysty, zamiast natychmiast sprawdzić, czy ten nie potrzebuje pomocy, przesiada się z żoną w aucie, żeby ratować własny tyłek. Szczęśliwie chłopakowi nic poważnego się nie stało. Jedynie się wystraszył i upadając, pokaleczył kolana.

Jola mówi, że to było dla niej jak znak z nieba. Zimny prysznic jako troskliwe ostrzeżenie od siły wyższej. Tak mało brakowało do tragedii. Uświadomiła sobie, że przez wiele lat skupiała się przede wszystkim na tym, żeby zapobiegać skutkom picia męża. Odsuwała od siebie myśl, że już dawno stracił nad sobą kontrolę, a ich życie jest pasmem niekończących się sytuacji kryzysowych. Ciągłe kłopoty wynikające z tego, że gdzieś nie dojechał, czegoś nie zrobił na czas lub o czymś całkiem zapomniał. I ona, dzielna ratowniczka czuwająca, żeby nikt nie odkrył, co się naprawdę dzieje. Nie mogła przecież dopuścić, by wyszło na jaw, że pani doktorowa jest w rzeczywistości żoną... alkoholika.

Jola tak bardzo się poświęciła misji ratowania reputacji męża, że nie starczało jej czasu na nic innego. Dyplom magistra architektury krajobrazu od niepamiętnych czasów leżał na dnie szuflady. Zapomniała, że marzyła o projektowaniu pięknych parków i ogrodów, zwiedzaniu świata. Przez prawie piętnaście lat swojego dorosłego życia zajmowała się przede wszystkim życiem swojego męża. Ukrywała skutki jego picia, chroniła przed bolesnymi lub wstydliwymi konsekwencjami. Swoją wartość budowała na podstawie odpowiedzialności, jaką z tego tytułu na siebie wzięła. Długo nie zdawała sobie sprawy, że nie potrafi nad jego piciem zapanować. Nikt poza jej mężem nie byłby w stanie tego zrobić.

NAJPIERW TRZEBA SIĘ ZAJĄĆ SOBĄ

Jak widać na przykładzie Joli, kontrola nad tym, co nie do skontrolowania, może się stać metodą funkcjonowania. Choć w oczywisty sposób nie rozwiązuje problemu, jedynie stwarza iluzję panowania nad sytuacją. W efekcie uzależniony zostaje w pewien sposób zwolniony z odpowiedzialności za swoje decyzje i ich konsekwencje. Współmałżonek przejmuje tę odpowiedzialność kosztem własnego życia. Bezdyskusyjnie taka postawa niesie za sobą mnóstwo cierpienia i wyrzeczeń, jednak przynosi także pewne korzyści. Często nieuświadomione. Bycie potrzebną, a wręcz niezbędną do tego, żeby rodzina mogła przetrwać, podnosi poczucie własnej wartości i nadaje sens życiu. W połączeniu z rolą ofiary, która jest krzywdzona i niedoceniana, może się stać drugą, a w zasadzie główną tożsamością partnera osoby uzależnionej.

Zakorzenienie w takiej postawie jest na tyle silne, że trudno się z niego samemu wydostać. Jeśli przez lata kosztem własnych potrzeb skupialiśmy się na tym, żeby kogoś ratować, ta ofiarność staje się swego rodzaju bohaterstwem. Oczywiście w naszych oczach. Nie mamy wprawdzie własnego życia, ale zajmowanie się życiem kogoś innego nam wystarcza. Przynajmniej pozornie.

Dla Joli wypadek, który spowodował po pijanemu jej mąż, był punktem przełomowym. Szok i ogromny stres wywołany zdarzeniami tamtej nocy pozwoliły jej zmierzyć się z faktami w zupełnie inny niż wcześniej sposób. Spojrzała na swoje życie z nowej perspektywy, dostrzegła fakty, a nie ich interpretacje, odkryła złudzenia, którymi się przez lata karmiła. Postanowiła zwrócić się po pomoc. Nie dla męża, jak to wiele razy dyskretnie robiła wcześniej, tylko dla siebie.

Pomału zaczęła budować własny świat. Znalazła pracę, poznała nowych ludzi. Jej mąż nadal pije. Jola już wie, że ona tego nie zmieni. To on musi podjąć decyzję o leczeniu. A żeby był to w stanie zrobić, musi najpierw zrozumieć, że jest chory. Jola jest świadoma, że nie ma na to wpływu. Może jedynie szczerze mówić mu o swoich uczuciach i o tym, że widzi, co się z nim dzieje. Przestała sprzątać po jego wybrykach, udawać przed znajomymi, że wszystko w porządku, i tłumaczyć go przed pacjentami. Ma nadzieję, że być może dzięki temu jej mąż zacznie szukać pomocy. Rozumie jednak, że nie może tego zrobić za niego. Dała sobie czas do końca roku na podjęcie decyzji, czy zostaje z nim, czy – jeśli nic się nie zmieni – odejdzie.

Joli udało się wyjść z koszmaru współuzależnienia. Jeszcze nie całkiem, ale pracuje nad tym, jest na dobrej drodze. Ma plan działania, korzysta ze wsparcia.

Zupełnie inaczej było w przypadku mamy Marzeny. Nigdy nie dopuściła do siebie myśli, że w jej zachowaniu jest coś nie tak, że zajmowanie się życiem męża może mieć dla niej bolesne konsekwencje. Była przekonana, że ratuje całą rodzinę. Pilnowała, najczęściej bez skutku, ile ojciec wypija podczas rodzinnych przyjęć, wydzwaniała do kolegów, z którymi wsiąkał na kilka dni, sprawdzała szuflady, w których chował alkohol. W dni, kiedy był trzeźwy, a raczej „dochodził do siebie", wypominała mu to, co wyczyniał, z nadzieją, że wpędzi go w poczucie winy. Oczekiwała wdzięczności za to, że nie pozwalała mu się całkiem stoczyć. Ojciec Marzeny nie należał do awanturników, nawet kiedy dużo wypił. Najczęściej po przekroczeniu pewnej dawki alkoholu zasypiał. Na kacu zachowywał się jeszcze bardziej potulnie. Godził się na wszystko, gorąco przepraszał i obiecywał poprawę.

Oczywiście dotrzymanie obietnicy wykraczało poza jego możliwości, więc sytuacja się powtarzała.

Wszystko się zmieniło, kiedy szef ojca dał mu ultimatum, że albo pójdzie się leczyć, albo straci pracę. Firma ceniła jednego z najlepszych kierowników budowy, jednak nowy zarząd nie tolerował picia. Początkowo zarówno Marzena, jak i mama cieszyły się, że ojciec zaczął chodzić na terapię i przestał pić. Nie spodziewały się jednak, że zmieni się nie tylko to, że już nie pije. Im dłużej był trzeźwy, tym mniej chętnie spełniał oczekiwania żony. Co gorsza, zaczął mieć własne oczekiwania, na przykład takie, żeby w sobotę pospać dłużej, a nie jechać na targ o szóstej rano. Nie pozwolił też sprawdzać swojego telefonu i przerywać mu wypowiedzi w pół zdania. Każda małżeńska rozmowa kończyła się awanturą, wypominaniem przeszłości i wylewaniem ton żalu. Małżonkowie kompletnie nie potrafili się dogadać. Paradoksalnie w trzeźwym życiu łączyło ich mniej niż wtedy, kiedy ojciec pił. On najwyraźniej uznał, że zbyt mało ich łączy, by dalej być razem, dlatego zdecydował się odejść. Kiedy oznajmił, że zaczyna życie od nowa, świat jego żony się zawalił. Nie była w stanie pogodzić się z tym, że została wykorzystana i odrzucona po tylu latach poświęceń.

Tak długo, jak osoba uzależniona korzysta z naszej pomocy i jak w przypadku ojca Marzeny godzi się na warunki tej pomocy, udaje się jakoś funkcjonować. Trudno to nazwać dobrym związkiem, ale rodzina nauczyła się tak żyć i porusza się w ramach tego schematu przez lata. Kiedy jednak ratowany staje na własnych nogach, pojawia się problem. Zamiast być wdzięcznym, demonstruje niechęć, odrzuca wszelkie formy pomocy. Nie chce być nadal traktowany jak ktoś, kim się trzeba zajmować. To potrafi wywrócić do góry nogami życie partnerki, tak jak się to stało w przypadku mamy Marzeny.

Po tylu latach poświęcenia zamiast nagrody czy zadośćuczynienia spotkał ją opór ze strony męża, którego ona w swoim mniemaniu przecież ratowała. W nowej sytuacji, z niezależnym, silniejszym niż dotąd partnerem, nie potrafiła się odnaleźć. Choć marzyła o tym, żeby przestał pić, kiedy to nastąpiło, wszystko, co do tej pory robiła, straciło sens. Przestała się czuć ważna i potrzebna.

Żeby sobie z tym poradzić, potrzebny jest nie tylko czas, ale też ogromny wysiłek włożony przede wszystkim w zrozumienie i lepsze poznanie siebie. Nie zawsze można to zrobić samemu, czasami potrzebna jest pomoc bliskich lub profesjonalne wsparcie psychoterapeuty. Mama Marzeny, w odróżnieniu od Joli, zamknęła się na wszelką pomoc. Przerażała ją świadomość, że miała udział w tym, że latami działa jej się krzywda.

UŻYWAM TEGO, CO ZNAM, NAWET JEŚLI MYŚLĘ, ŻE ROBIĘ INACZEJ

Ani żona, ani córka nigdy nie wybaczyły ojcu, że odszedł. Niezależnie od tego, że Marzena miała do niego żal i zdecydowanie trzymała stronę mamy, małżeństwo swoich rodziców uważała za nieudane. Dlatego sama starała się w relacjach z mężczyznami postępować inaczej niż jej mama. Ponieważ jednak widziała ich związek tylko z jednej perspektywy, mocno ograniczonej przez przekonania swoje i mamy, wielu błędów nie udało jej się uniknąć. Trudności w relacjach postrzegała jedynie jako efekt złego wyboru partnera, a nie wielu czynników, które na trudności w związku wpływały. Alkoholizm ojca i współuzależnienie matki były źródłem mnóstwa problemów. Nieustające napięcie oraz brak poczucia bezpieczeństwa dawały o sobie znać na każdym kroku. Kłótnie, manipulacje, gierki stały się sposobem na życie, na zachowanie pozorów normalności.

Kiedy ojciec Marzeny przestał pić, relacje jej rodziców wcale się nie poprawiły. Nie potrafili stworzyć atmosfery wzajemnego szacunku i zrozumienia. Brakowało uważności i rozmowy, które dawałyby małżonkom szansę wzajemnego wysłuchania się, a w konsekwencji porozumienia.

A to pomaga zawsze, nawet wówczas, kiedy decyzja o rozstaniu okazuje się nieuchronna.

Marzena miała wprawdzie wrażenie, że rozmawiała ze swoimi partnerami o tym, co się działo w ich relacji. Jednak w jej opinii nie trzeba kogoś słuchać, żeby wiedzieć, co ma do powiedzenia. Była zdania, że jeśli się z kimś żyje na co dzień, to zna się tę osobę lepiej niż ona sama siebie. Wystarczająco dobrze, żeby odczytywać jej zamiary i potrzeby. To dawała od siebie i tego oczekiwała w zamian. Pełnej i głębokiej miłości, polegającej na bezwarunkowym oddaniu się drugiemu człowiekowi. Na porozumieniu bez słów.

Upór, z jakim trwała przy swoich poglądach, nieuchronnie prowadził do coraz większych trudności, a potem do rozpadu jej związków. Nie oznacza to wcale, że mężczyźni, z którymi żyła, byli bez skazy, że ich zachowanie nie przyczyniało się do kryzysów. Mogło być nawet tak, że byli za te kryzysy w większym niż ona stopniu odpowiedzialni. Ostatnią rzeczą, jaką chciałabym zrobić, jest zdjęcie z tych panów odpowiedzialności. Zwłaszcza że mężczyźni bardzo często przyczyniają się do kryzysów w związku nie tylko poprzez udział w konfliktach czy współtworzenie problemów, ale także poprzez stawianie biernego oporu. Mają tendencję do unikania trudnych tematów, bagatelizowania ważnych spraw i lekceważenia emocjonalnych potrzeb swoich partnerek.

Wielokrotnie spotkałam się z sytuacją, kiedy kobieta na skraju wyczerpania psychicznego podejmowała kolejną próbę ratowania małżeństwa, a mąż odmawiał jakiejkolwiek pracy nad związkiem, bo uważał, że to „ona ma problem". Nie wolno nam zapominać, że kiedy decydujemy się na wspólne życie z drugą osobą, to, że dzieje się z nią coś złego, nas także dotyczy. Nawet jeśli któreś z partnerów ma w zakresie pracy nad sobą więcej do zrobienia, rzadko druga strona zupełnie nie ma w zaistniałym kryzysie udziału. Czasami wystarczy okazanie troski i wsparcia, a kiedy indziej konieczna jest wspólna praca nad zmianami.

Brak zaangażowania w rozwiązywanie problemów i budowanie lepszej, wartościowszej relacji jest jak niewywiązywanie się z umowy, że wspólnie tworzymy nasz związek.

Nie zmienia to faktu, że **czasami zupełnie nie mamy wpływu na to, czy nasz partner zechce się zmieniać. Zawsze jednak mamy wpływ na to, co my zrobimy.** Pracując nad związkiem w pojedynkę, w rzeczywistości pracujemy nad swoim do niego stosunkiem. Choć częściej to właśnie kobiety podejmują się tego zadania, zdarza się i odwrotnie – że to mężczyzna stara się robić, co w jego

Nie wolno nam zapominać, że kiedy decydujemy się na wspólne życie z drugą osobą, to, że dzieje się z nią coś złego, nas także dotyczy. Nawet jeśli któreś z partnerów ma w pracy nad sobą więcej do zrobienia, rzadko druga strona zupełnie nie ma w zaistniałym kryzysie udziału. Czasami wystarczy okazanie troski i wsparcia, a kiedy indziej konieczna jest wspólna praca nad zmianami.

mocy, żeby poprawić relacje w związku, podczas gdy partnerka nie zamierza w tej pracy uczestniczyć. Nie widzi problemu lub jest zdania, że to on ma się zmienić, żeby im było lepiej.

Wróćmy do historii Marzeny. Ponieważ nie znamy relacji jej dotychczasowych partnerów, nie wiemy, co ich zdaniem doprowadziło do rozpadu związków. Można jednak przypuszczać, że obie strony miały w tym swój udział. Ale nie to, jak wyglądał każdy jej związek i kto był winien rozstania, chciałam wam pokazać, opowiadając jej historię. Moją uwagę zwróciła pewna powtarzalność sytuacji, w których Marzena się co i rusz znajduje. Można by rzec, że jej relacje z mężczyznami układają się według podobnego schematu.

Wybiera facetów, którzy jej zdaniem potrzebują pomocy. Bez reszty angażuje się w jej zapewnianie, często zapominając o własnych potrzebach. Choć wydawać by się mogło, że niczego w zamian nie oczekuje, w rzeczywistości ma tych oczekiwań bardzo wiele. Co gorsza, w większości są one nierealistyczne. Marzena pragnie się czuć niezbędna. Zaczyna przejawiać nie tylko chęć pomocy, ale też ingerowania we wszystkie obszary życia swoich partnerów. Jej kontrola staje się nie do zniesienia, bo nie daje im możliwości samodzielnego funkcjonowania. Chce żyć życiem swoich mężczyzn i tego samego oczekuje od nich. W jej relacjach nigdy nie było warunków do tego, żeby się z uwagą wzajemnie wysłuchać i móc porozmawiać o tym, co się dzieje. Wspólne rozwiązywanie problemów było niemożliwe. To była tylko jej działka.

Czy poznając Jarka, jest świadoma, że kolejny raz związała się z mężczyzną, który jest „chwilowo bezradny"? Czy dostrzega w jego zachowaniu coś, co przypomina zachowania jej poprzednich mężczyzn? Czy to, że zostawiła go żona i że jest teraz taki biedny, zagubiony, to wystarczający powód, żeby z nim być?

Skoro Marzena jest zdania, że po tych wszystkich doświadczeniach wie, co robić, ma pomysł na swoje życie, to może w jej przypadku nie ma mowy o żadnych problemach? Przecież doskonale sobie radzi, nie potrzebuje pomocy. Zgodnie z tym, co mówi, ani razu nie znalazła się w impasie.

Możliwe. Jest szansa, że jej trwający od kilku tygodni związek z Jarkiem okaże się spełnieniem marzeń. Mężczyzna zaprawiony w bojach, po dwudziestu latach małżeństwa, w którym niewiele miał do powiedzenia, może się idealnie wpasować w jej wyobrażenie o miłości. Tylko czy wtedy faktycznie oboje będą w tej relacji szczęśliwi? To zależy, na ile dla Jarka taki model związku będzie satysfakcjonujący. Czy tym razem kontrola jego życia przez partnerkę będzie mu przeszkadzać, czy go cieszyć. No i pytanie, czy dla Marzeny życie z nim będzie równie ciekawe po kilku latach, jak jest teraz, na początku znajomości.

Jeszcze jakiś czas temu odważyłabym się pewno napisać, że „to się nie może udać". Wszak wszystkie książkowe przykłady mówią, że dobry związek wymaga dojrzałego podejścia obojga partnerów, że musi być oparty na zrozumieniu i zaufaniu. Dzisiaj jestem znacznie mniej skłonna do takich ocen. **Ludzie potrafią się odnaleźć nie tylko w tym, co wydaje się dla nich najlepsze. Mamy dużą skłonność do adaptowania się także w warunkach, które innym wydają się trudne do wytrzymania**. Nawet jeśli ponosimy bardzo duże koszty takiej decyzji.

Więcej opowiem o tym, kiedy poznamy Polę i jej historię.

Przykład Marzeny niech posłuży nam jedynie jako przyczynek do refleksji. Zastanówmy się nad tym, czy chcemy czekać, aż trafimy na dobrego partnera, czy też gotowi jesteśmy przemyśleć, kogo i dlaczego wybieramy. A jeśli aktualnie jesteśmy w związku, rozważmy, w jakim stopniu uznajemy to, że nasz partner, choć jest częścią wspólnoty, którą razem tworzymy, jest też odrębną osobą. Czy więcej mamy żalu i oczekiwań skierowanych pod jego adresem, czy ciekawości tego, jak on widzi naszą relację. **Bardzo często dopiero w momencie, w którym skłonni jesteśmy się**

otworzyć na perspektywę drugiej osoby, zaczyna się rozmowa o tym, co jest prawdziwym problemem w związku. I niejednokrotnie okazuje się, że to, co nam się wydawało najgorszym zagrożeniem, było tylko wytworem naszej wyobraźni, interpretacją zdarzeń, a nie ich jedyną słuszną wersją.

KOMUNIKACJA, CZYLI JEDNA PRZESTRZEŃ – DWA ŚWIATY

Oczywiste jest, że w związku trzeba ze sobą rozmawiać. I prawie wszystkim nam się wydaje, że to robimy. Zarówno Ada, jak i Marzena podejmowały przecież próby powiedzenia swoim partnerom, co się z nimi dzieje. Znam mnóstwo kobiet i wielu mężczyzn, którzy dochodząc do muru w relacji, są absolutnie przekonani, że zanim pojawiła się w ich głowie myśl o odejściu, komunikowali partnerowi, co jest źle.

Problem polega na tym, że niewielu z nas zdaje sobie sprawę, że dobrej komunikacji w związku uczymy się od trenowania sztuki słuchania, a nie mówienia. Rozmowy między kobietami a mężczyznami można nazywać językiem Marsjan i Wenusjanek. Mnie akurat nie przekonuje do końca teoria o tak wielkich różnicach między nami. Owszem, panowie często w innej formie wyrażają troskę, są skłonni bardziej dawać rozwiązania, niż słuchać. Panie z kolei mają potrzebę przegadywania tematu tak długo, aż wyczerpie się ich zdolność do mówienia o nim. A to potrafi zmęczyć nawet bardzo wytrwałego osobnika płci przeciwnej. Myślę jednak, że najistotniejsze problemy komunikacji w związku sięgają nieco głębiej niż sposób wyrażania się. To zresztą przy odrobinie dobrej woli z obu stron da się dopracować.

Jak pisałam wcześniej, moim zdaniem najważniejsza jest umiejętność wysłuchania drugiej osoby bez narzucania temu, co mówi, własnej interpretacji. Poznawanie świata innego człowieka to jak uczenie się nowego języka. Za każdym zachowaniem idzie indywidualny zestaw myśli, powodów, dla których decydujemy się postępować w określony sposób. Na przykład milczenie partnera, które dla nas oznacza niechęć lub odrzucenie, może się okazać wynikającą ze zmęczenia rezygnacją.

MĘŻCZYZNA, KTÓRY TRACIŁ MOC

Wróćmy jeszcze na chwilę do historii Ady, do czasów, kiedy przeżywała kryzys w związku tak bardzo, że nie mogła normalnie funkcjonować. Zmęczona i wyczerpana zamykała się w sobie, rezygnowała z przyjemności życia, cierpiała w samotności, nie mogła spać.

Ada była przekonana, że jej mąż zasiada z whisky przed telewizorem, bo jej unika, że przestaje ją kochać. Grzegorz faktycznie uciekał, ale nie przed nią, tylko przed kolejnymi pretensjami, przed którymi nie potrafił się bronić. Miał wrażenie, że coraz bardziej irytuje swoją żonę, że przestała w nim widzieć faceta, że stał się dla niej, jak często powtarzała, „beznamiętną maszyną". Kiedy wracał po pracy do domu, marzył o chwili świętego spokoju. Odkąd przestali w równym stopniu zajmować się biznesem, na jego głowie spoczywała odpowiedzialność za wszystko. Żona zajmująca się księgowością widziała jedynie to, co zostaje w dokumentach. Nie miała pojęcia, jak trudno mu było wynegocjować kontrakty z przedłużonymi terminami płatności. Nie wiedziała, jak dużo wysiłku musiał wkładać w to, żeby utrzymać obroty we wszystkich placówkach, żeby w terminie spłacać wszystkie kredyty.

Kiedyś bardzo lubił to, co robi, ale nadmiar obowiązków w połączeniu ze świadomością, że teraz musi zadbać o ich trójkę, spowodował, że miejsce dawnej satysfakcji zajęły stres i przemęczenie. Problemy w firmie go przytłaczały. Nie chciał o tym mówić żonie, bo bał się, że to tylko pogorszy sytuację między nimi, że całkiem straci w jej oczach. Facet, który nie potrafi sobie poradzić z kłopotami finansowymi?! Padnie ostatni bastion męskości. Pedantyczna i poukładana Ada natychmiast wypomni mu wszystkie źle podjęte decyzje i, co gorsza, będzie miała rację. Zawsze potrafiła dostrzec szczegóły, których istnienia on nie był świadom. Dlatego kiedyś miał wrażenie, że świetnie się uzupełniają. On był motorem biznesu, ona dbała o poziom paliwa w baku. Uwielbiał, jak patrzyła na niego z błyskiem w oku, nieco przerażona kolejnymi pomysłami, ale gotowa je z nim realizować.

Niestety, już od dawna żona nie zachwycała się tym, co on robi. Przeciwnie, miał wrażenie, że jest z niego wiecznie niezadowolona. Za późno wracał z pracy i w dodatku bez uśmiechu na ustach, źle parkował samochód w garażu i ona nie miała jak wstawić wózka. Nawet głupich biletów na sylwestra nie potrafił zamówić na czas. Dla Grzegorza rodzina była wszystkim, nie wyobrażał sobie, że mógłby dopuścić do jej rozpadu. Jednak tracił nadzieję, że uda mu się zrobić coś, by przywrócić ich małżeństwu dawną jakość. Chociaż w wielu sprawach się różnili, tutaj musiał przyznać Adzie rację – ich związek wyglądał coraz gorzej.

Był pewien, że jako facet już dawno jej nie pociągał. Tyle razy słyszał przecież, że nie robi nic, żeby poczuła się przy nim jak kobieta, że więdnie, traci wiarę w siebie. Nawet jeśli pojawiała się w jego głowie myśl, że mógłby ją zabrać na kolację, rezygnował, zanim przystąpił do działania. Nie wyobrażał sobie, jak uda im się przetrwać wieczór bez kłótni. A kłócić się nie miał siły.

Trudno stwierdzić, czy Grzegorz był świadom tego, co się z nim dzieje, że za jego zrezygnowaniem krył się lęk przed bliskością. Nie wiemy, czy zdawał sobie sprawę, że dystansując się wobec problemów, może stracić coś niezwykle cennego – możliwość zbudowania głębokiej relacji z żoną.

Wychowywał się w domu, gdzie awantury były chlebem powszednim. Matka z ojcem zostawiali się przynajmniej raz w miesiącu. Po solidnej porcji wyzwisk, zarzutów pełnych podejrzeń o zdradę i obietnic odwetu jedno z nich, częściej tata, trzaskało drzwiami i wychodziło. Jako mały chłopiec bał się bardzo, że tata już nie wróci. Sporo czasu minęło, nim uznał to za normę, przestał się przejmować i zajął się swoimi sprawami. Na tyle skutecznie, że już jako osiemnastoletni chłopak wyprowadził się z domu. Obiecał sobie, że nigdy nie dopuści, by życie jego rodziny zamieniło się w takie piekło.

Dlatego kiedy Ada robiła mu wyrzuty, choć cierpiał, starał się nie wchodzić w dyskusję. Czasami, gdy nie był już w stanie powstrzymać emocji, cedził przez zęby, że nie da się już jej słuchać. Że zamiast cieszyć się tym, co ma, jest ciągle niezadowolona. Miał nadzieję, że uda mu się ją powstrzymać, że Ada w końcu zrozumie, jak ważny jest ich wspólny dom, i że zacznie to doceniać. Ale ona nie była w stanie tego pojąć. Pochodziła ze spokojnej, dobrej rodziny, nie przychodziło jej do głowy, że może być inaczej. Nie łudził się więc, że jego uwagi przyniosą efekty, cierpiał po cichu, ze swoją szklanką whisky na kanapie w salonie.

„INNE" MOŻNA POZNAĆ I OSWOIĆ, A NIE ODRZUCIĆ LUB ZDOMINOWAĆ

Kiedy czujemy się niezrozumiani, zaczynamy się zamykać w sobie. Oddalamy się od naszego partnera. Izolację poprzedza zazwyczaj, tak jak w przypadku Ady i Grzegorza, próba sił, którą błędnie uznajemy za próbę porozumienia się. Zakładamy, że nasz sposób reagowania jest czytelny dla drugiej osoby. A przecież każdy ma swoją historię życia i masę doświadczeń, które go ukształtowały. Pochodzimy z innych rodzin, zupełnie inne wzorce obserwowaliśmy jako dzieci, oczekiwania, z jakimi wchodzimy w związek, też możemy mieć całkiem odmienne. Dobra komunikacja w związku wymaga pożegnania się z poczuciem, że nasza wizja świata jest powszechna. Chęć porozumienia się z drugim człowiekiem oznacza gotowość zaakceptowania jego odmienności i otwartość na przyjęcie jego punktu widzenia.

Zapominamy o tym i ulegamy temu, co „nam się wydaje". A przecież wiele naszych spostrzeżeń i manifestowanych na ich podstawie reakcji to tzw. automatyzmy powstałe na bazie naszego unikalnego systemu myśli i przekonań. Każdy człowiek, nawet bardzo nam bliski, ma inaczej.

Nie można liczyć na to, że partner domyśli się, o co nam chodzi, ani zakładać, że odbierze to, co chcemy zasygnalizować, dokładnie tak, jak byśmy sobie życzyli. Zamiast szybkiego reagowania na emocjonalne komunikaty warto zadawać pytania, które pomagają nam go lepiej zrozumieć:

- co to dokładnie dla ciebie oznacza?
- dlaczego tak to odbierasz?
- co konkretnie masz na myśli?
- co przez to rozumiesz?
- czy dobrze zrozumiałam to, co chcesz mi powiedzieć?

Uważność tworzy grunt do rozmowy, pozwala poruszać istotę problemów, a nie wytworzoną wokół nich pełną urazów i żalu otoczkę. Często duża część tych problemów może zostać rozwiązana już na etapie wspólnego poszukiwania klucza do porozumienia, czyli uczenia się innego punktu widzenia. Każdy dysponuje własnym systemem „jedynie słusznych" znaczeń, gestów i zachowań. Jeśli wiemy, że on nas nie ignoruje, tylko na przykład obawia się odrzucenia i dlatego nie podejmuje dyskusji – jest szansa, że zamiast go karać kolejną porcją zarzutów, zechcemy się po prostu do niego przytulić. Jeśli wiemy, że ona krzyczy, bo jest bezsilna wobec przekonania o naszej obojętności, a nie zła na to, że kapcie leżą nie na swoim miejscu, może zdecydujemy się okazać jej więcej uwagi, zamiast od niej uciekać.

Wszystkie „źle zapakowane zmywarki", „naczynia nieodłożone do zlewu" podobnie jak wspomniane wyżej „kapcie" idealnie pełnią funkcję tematów zastępczych. Znacznie łatwiej się nimi zająć, niż poruszyć kwestię poczucia osamotnienia, niezrozumienia lub lęku przed odsłonięciem się. Używamy różnych sposobów, czasami gierek, żeby się upewnić, czy nie jesteśmy wykorzystywani, sprawdzić, czy nadal utrzymujemy swoją pozycję w związku. Tak jakby jej utrzymanie gwarantowało cokolwiek.

Powodem, dla którego często boimy się mówić o swoich uczuciach, jest obawa, że jeśli partner pozna nasze prawdziwe oblicze, przestanie nas kochać. Sposób, w jak sami siebie oceniamy, rzutuje na nasze relacje z partnerem. Im mniej siebie lubimy, im mniej siebie akceptujemy, tym bardziej czujemy się niepewnie w relacji. Brak zaufania, niskie poczucie własnej wartości przekładają się na potrzebę kontroli, szukanie „dowodów" miłości w próbach testowania partnera.

Z kolei kiedy czujemy się dobrze ze sobą, łatwiej nam tworzyć udany związek. Potrafimy dawać i brać. Kochamy się wzajemnie, czyli szanujemy zarówno swoje potrzeby, jak i potrzeby partnera. Wtedy walki o władzę i manipulacje nie są do niczego potrzebne.

Jak powiedział Andrzej Wiśniewski, wybitny psychoterapeuta przez wiele lat pracujący z parami: „Gdy ludzie dobrze ze sobą żyją, naczynia same się zmywają"*.

---

* Jucewicz Agnieszka, *Gdy ludzie dobrze ze sobą żyją, to naczynia same się zmywają. Ale to rzadkość* http://wiadomosci.gazeta.pl/wiadomosci/1,114873,13446880,_Gdy_ludzie_dobrze_ze_soba_zyja__naczynia_same_sie.html [dostęp 5.07.2018]

CHCĘ BYĆ Z TOBĄ, NIE OBOK CIEBIE

Dobra komunikacja to nie wszystko. Prawdziwą bliskość można uzyskać dopiero wtedy, kiedy jesteśmy w stanie zaufać drugiej osobie. To wielkie wyzwanie wymaga nie lada odwagi, bo niesie ryzyko odrzucenia lub zranienia. Ufać komuś to umieć się przed tym kimś odsłonić i pokazać mu kawałek swojego „miękkiego podbrzusza". Jakże łatwo nas wtedy boleśnie dotknąć. Nic dziwnego, że się tak boimy.

Kiedy pozwalamy się zobaczyć takimi, jakimi naprawdę jesteśmy, otwieramy drzwi do naszego wnętrza. Czy można to zrobić bez poniesienia ryzyka? Nie. Czy mimo wszystko warto to robić? Tak. Bo bez tego nie można przyjąć cudownego prezentu, jakim jest bliskość i miłość drugiego człowieka. Nie da się kochać tylko „zewnętrznej warstwy" partnera, bo ona w żaden sposób nie może dać prawdziwej miłości. Zbliżanie się do siebie następuje także poprzez dowiadywanie się, gdzie i kiedy boli. Tyle że w miłości wiedza o tym, co w naszym partnerze kruche i delikatne, nie służy do uzyskiwania przewagi, lecz do kochania mocniej.

W poznawaniu siebie bardzo pomaga umiejętność mówienia o emocjach, o tym, co czujemy, a nie, jak często bywa, o tym, co z tego czucia wynika. Trening tej umiejętności odbywa się znacznie wcześniej niż w okresie wchodzenia w związki miłosne. Jako dzieci uczymy się radzenia sobie z emocjami od rodziców lub opiekunów. Niestety, nawet mimo najlepszych chęci naszych pierwszych nauczycieli, najczęściej rodziców, to, co nam przekazali, może się nie nadawać do użytku.

Zwłaszcza że rodzice nie zawsze mają świadomość, że świat uczuć rządzi się własnymi prawami i nie da się go modelować. Z każdym pokoleniem jesteśmy w tej materii coraz lepiej wyedukowani, ale nadal mamy wiele do zrobienia. Każdy, nawet bardzo mały człowiek przeżywa różne rzeczy po swojemu. Tymczasem niektórzy rodzice często już od najmłodszych lat uczą nas, że mylimy się w kwestii własnych uczuć, bo oni wiedzą lepiej, jak te nasze uczucia nazwać. Kiedy budzi się trzyletnie dziecko i ziewając, oznajmia: „jestem taki zmęczony", mamusia natychmiast z czułością koryguje maleństwo: „nie zmęczony, kochanie, tylko niewyspany". Dostajemy konkretne instrukcje dotyczące przeżywanych przez nas emocji, żebyśmy wiedzieli, co czujemy, a przede wszystkim umieli odróżnić te „dobre" emocje od „złych". A przecież nie ma dobrych ani złych uczuć, a jedynie takie, które nam o czymś mówią.

Szczególnie mężczyźni mają w tym obszarze naprawdę trudno. Wychowywanie chłopców w bardzo wielu domach jeszcze do niedawna polegało na uczeniu ich nieokazywania uczuć. Bo to przecież niemęskie, świadczące o słabości, i to tej rozumianej jako rodzaj wybrakowania, a nie delikatności. Zresztą i delikatność w odniesieniu do faceta nadal brzmi bardziej jak wada niż zaleta. Jeśli on przez cały okres dzieciństwa słyszał, że emocje to coś, nad czym należy panować, a najlepiej wcale ich nie pokazywać, trudno od niego wymagać, żeby wskutek nagłego objawienia zacząć je wyrażać w relacji z ukochaną kobietą. To wymaga czasu, zachęty z drugiej strony i, jak pisałam wcześniej, gotowości do poniesienia ryzyka. Cudownie, jeśli ktoś, kogo kochamy, jest w stanie pokazać nam drogę, dać przykład poruszania się po świecie uczuć.

Bywa jednak i tak, że podobnie jak w przypadku Ady i Grzegorza żaden z partnerów tego nie potrafi, bo nie miał gdzie się tego nauczyć. Jedno i drugie pochodzi z domów, w których zaprzeczanie emocjom lub tłumienie ich, a potem nadmiarowe okazywanie były metodą na rozwiązywanie problemów. O tym, że w taki sposób można te problemy jedynie pogłębić, nie wiemy tak długo, jak nie nauczymy się, że można postępować inaczej.

Kryzys w związku jest często pierwszym momentem, kiedy zastanawiamy się nad swoim życiem uczuciowym. Dociera do nas, że w ogóle czujemy i że jest to coś zupełnie innego, niż chcielibyśmy czuć. Prowadzimy wewnętrzną walkę, czy po raz kolejny stłumić „to" w sobie, czy odważyć się „to" wypuścić. Jeśli wygrywa opcja druga, jest nadzieja na zbudowanie bliskości, na wejście w kolejny, głębszy etap związku. Krok po kroku stajemy się dla siebie ważni w zupełnie nieznany dotąd, nowy sposób. W dyskusjach już nie chodzi o to, kto zwycięży lub kto ma rację. Szukanie porozumienia odbywa się z troską i uważnością, tak żeby nie zranić kochanego człowieka. Relacja nabiera innego ciężaru gatunkowego, powstaje nowy, własny kawałek świata należący tylko do dwóch osób, niedostępny dla nikogo z zewnątrz. Zagubiona na początku związku namiętność ma szansę odrodzić się w dojrzalszej, pełniejszej formie – w intymności.

WERSJA „ŻYLI DŁUGO I SZCZĘŚLIWIE" NIE MOŻE SIĘ OBYĆ BEZ SEKSU

Jeden z największych błędów, które popełniają osoby będące w długich związkach, to ignorowanie swoich potrzeb

W poznawaniu siebie bardzo pomaga umiejętność mówienia o emocjach, o tym, co czujemy, a nie, jak często bywa, o tym, co z tego czucia wynika.

seksualnych. Bardzo często słyszę od moich klientek (czasami także klientów), że ich partner (partnerka) unika zbliżeń, a wszelkie próby rozmów na ten temat kończą się jeszcze większym oddaleniem się od siebie. Im dłużej taki stan trwa, tym większe napięcie powoduje w związku. Sugestie zamieniają się w pretensje, co dodatkowo pogarsza sytuację. Każda ze stron umacnia się na swojej pozycji. Po jednej stronie mamy wycofywanie się, a po drugiej żal, bezradność, złość (często wyrażaną w formie przytyków).

W takich okolicznościach trudno mówić o bliskości. Warto sobie uzmysłowić, że niezależnie od tego, kto w swoim odczuciu ma więcej powodów do reagowania w określony sposób – ten namawiający na seks czy ten unikający seksu – problem jest wspólny, dotyczy obojga partnerów. Odmowa współpracy w tym zakresie oznacza odcięcie się od odpowiedzialności za związek, którego przecież zarówno ja, jak i mój partner jesteśmy częścią.

Zwykle powody, dla których rezygnujemy z uprawiania seksu, są znacznie głębsze niż po prostu utrata zainteresowania „łóżkiem". Najprawdopodobniej zaniedbana została komunikacja i intymność w związku. W sferze seksu objawy tego zaniedbania są wyraźnie widoczne. Można nie zauważyć, że od dawna prawie ze sobą nie rozmawiamy, że nie troszczymy się o siebie, że przestaliśmy się wzajemnie wspierać, ale trudno nie dostrzec tego, że nasze życie seksualne praktycznie nie istnieje.

Dlatego kryzys w tej sferze należy traktować jak żółtą kartkę od losu. To sygnał, że powinniśmy coś ważnego zmienić, jeśli chcemy nadal być razem. Jeżeli wykorzystamy tę szansę i poważnie podejdziemy do tematu, możemy poprawić jakość naszej relacji w ogóle, a nie tylko to, co się dzieje w sypialni. Powiem więcej – jeśli popracujemy nad całą resztą i staniemy się sobie naprawdę bliscy, seks będzie przyjemną konsekwencją, a nie ogromnym wysiłkiem.

Ada i Grzegorz na początku swojej znajomości praktycznie nie wychodzili z łóżka. Można zatem założyć, że oboje mieli silne pragnienie fizycznej bliskości, że pożądali się wzajemnie. Towarzyszący fazie zakochania fantastyczny seks to nie tylko efekt wydzielanej przez nasz organizm dopaminy i fenyloetyloaminy, ale też całe mnóstwo mocno podkoloryzowanych myśli, które tworzymy na temat drugiej osoby. Przypisujemy naszym partnerom nieistniejące cechy, na podstawie których budujemy wizję wspólnej przyszłości. Chcemy, żeby to, co się z nami dzieje, co tak przyjemnie odrywa nas z ziemi, było czymś trwalszym niż chwila.

Zwykle powody, dla których rezygnujemy z uprawiania seksu, są znacznie głębsze niż po prostu utrata zainteresowania „łóżkiem". Najprawdopodobniej zaniedbana została komunikacja i intymność w związku.

W tej fazie miłości bardzo łatwo nam to przychodzi, natura sama wyposaża nas w różowe okulary. Niestety, okres ich bezwarunkowego używania nie jest wieczny.

A szkoda, bo jak pisze w swojej książce *Psychologia miłości* profesor Bogdan Wojciszke:

„Idealizacja zapewne może być szkodliwa w momencie wyboru partnera (sądząc po innych, spora część ludzi wybiera źle), ale gdy już klamka zapadła, idealizacja jest na wagę złota, utwierdza nas bowiem w słuszności wyboru i polepsza jakość związku"*.

Gdybyśmy po kilku wspólnie spędzonych latach potrafili z taką samą życzliwością jak na początku związku postrzegać naszego partnera, znacznie łatwiej byłoby pielęgnować intymność. Ona, w przeciwieństwie do namiętności, potrzebuje zupełnie innego paliwa, zwłaszcza że to napędzające nas wcześniej, zwane „pożądaniem", nie ma dożywotniej gwarancji. Nie znaczy to wcale, że po pewnym czasie wszystkie związki skazane są na nudę, że życie erotyczne jest pozbawione pikanterii, że nie ma nadziei na dobry seks

---

* Wojciszke Bogdan, *Psychologia miłości,* Gdańskie Wydawnictwo Psychologiczne, 2017, s. 48

w długoterminowych relacjach. Przeciwnie, jeśli znamy się coraz lepiej, darzymy się zaufaniem, możemy sobie pozwolić na znacznie więcej niż w fazie zakochania. Jednak nic samo się nie dzieje. O ile namiętność przychodzi czasami kompletnie bez wysiłku, o tyle nad intymnością trzeba popracować. Jeśli marzymy o szczęśliwym związku, bezdyskusyjnie warto to zrobić.

Różnicę pomiędzy tymi dwoma stanami bardzo dobrze ujęła Alicja Długołęcka w rozmowie z Pauliną Reiter:

„Namiętność prowadzi nas do zbliżania się do drugiego człowieka i poszukiwania maksymalnej rozkoszy, również psychicznej. Intymność wynikająca z rodzącej się bliskości sprawia, że dążymy do »roztopienia się« w drugiej osobie, totalnego zjednoczenia. I to jest równie atrakcyjne w seksie – jeśli nie bardziej – jak fizyczne doznania”*.

Relacja oparta na wzajemnej trosce, zaufaniu i potrzebie posiadania wspólnego świata czyni parę czymś więcej niż tylko skutkiem umowy zawartej pomiędzy dwoma osobami na przetrwanie wspólnie kilku lat życia. Intymność, podobnie jak namiętność, też ma do dyspozycji wsparcie z wewnątrz organizmu w postaci hormonu miłości zwanego

---

* Długołęcka Alicja, Reiter Paulina, *Seks na wysokich obcasach 2*, Wydawnictwo Agora, Warszawa 2016, s. 41-42

oksytocyną. Za jego sprawą odczuwamy przypływ ciepłych emocji wobec partnera, chcemy bliskości, zależy nam na przywiązaniu.

ZOBOWIĄZANIE, CZYLI DOBROWOLNA I ŚWIADOMA DECYZJA

Kiedy zaczynamy życie we dwoje, jesteśmy pewni, że podjęliśmy decyzję na całe życie. Chyba nikt nie zawiera małżeństwa, nie wchodzi w poważny związek z założeniem, że będzie się później zastanawiał, czy to ma sens. A jednak większość par po jakimś czasie dochodzi do miejsca, w którym znaleźli się Ada i Grzegorz. **Chociaż wydawać by się mogło, że impas to katastrofa dla związku, w rzeczywistości może być szansą, punktem zwrotnym.** Nie należy go traktować jako porażki, a jedynie jako konsekwencję od lat popełnianych błędów. Już samo ich dostrzeżenie przez któregokolwiek z partnerów daje nadzieję na przyszłość.

Kiedy znam przyczyny, mogę mieć wpływ na skutki. Nawet jeśli tylko jedno z nas zacznie zmieniać swoje postępowanie, wpływu tej zmiany niewątpliwie doświadczy także drugie. Wprawdzie nie mamy gwarancji, że ukochana osoba też zechce się zmieniać, ale w znaczący sposób zwiększamy na to szanse. Ada po wyjściu od terapeuty, w dniu, w którym przypomniała sobie romantyczno-erotyczny wieczór sprzed lat, wróciła do domu z zupełnie innym nastawieniem. Nie wiedziała jeszcze, ile pracy przed nią i przed jej mężem, ale po wielu latach patrzenia na niego jak na wroga znów dostrzegła w nim kochanego faceta. Czasami taki impuls wystarczy, żeby ruszyć z miejsca i tym ruchem rozpocząć serię całkiem nowych zdarzeń. Kiedy zmieniamy perspektywę, realnie odmieniamy nasze życie. Odkrywamy możliwości, których istnienia nie mieliśmy świadomości.

Ada była przekonana, że musi podjąć decyzję o rozstaniu, bo nie potrafi odwrócić ani zatrzymać tego, co się dzieje w jej związku. Czuła się zaniedbana i osamotniona, a przyczynę takiego samopoczucia widziała w zachowaniu męża. Była pewna, że przestaje ją kochać. Myliła się, choć faktycznie Grzegorz nie dawał jej zbyt wielu powodów do tego, żeby myślała inaczej. Tyle że postępował tak nie z braku miłości do żony, lecz, podobnie jak ona, z poczucia osamotnienia i bezradności.

Dwoje samotnych ludzi w związku nie jest zjawiskiem należącym do rzadkości. Wiele par ma ten problem. Oddalenie się od siebie nie następuje jednego dnia, nie poprzedza go spektakularna akcja. Pierwsze oznaki są prawie niewidoczne lub występują tylko u jednej z osób. Bardzo często ignorujemy te sygnały. Jak powiedziała Lucyna Kirwil w książce *Pokochawszy. O miłości w języku:*

„Bardzo dużo jest związków, w których jeden z partnerów widzi, że coś się z drugim dzieje, ale ma nadzieję, że to przetrwają"*. Tymczasem trzeba mieć świadomość, że czekanie bez działania to zaniedbanie, które jest dla związku bardzo niebezpieczne. Albo się kończy wygaśnięciem uczuć, albo przeradza w długotrwały kryzys. A taki nie jest jednorazowym zdarzeniem, tylko złożonym procesem. Jego rozpiętość w czasie i składająca się z drobiazgów natura sprawiają, że bardzo długo objawy są niezauważalne.

Starałam się na przykładzie historii Ady pokazać, że tak długo, jak nie wygasną nasze uczucia, jest szansa na odbudowanie relacji. Jeśli jesteśmy posiadaczami dobrych wspomnień, warto je, podobnie jak Ada, uruchomić jeszcze przed przystąpieniem do tej trudnej pracy naprawczej. Przecież z jakiegoś powodu z nim lub z nią jesteśmy, to właśnie tę osobę wybraliśmy. **Sięganie pamięcią do**

* Bralczyk Jerzy, Kirwil Lucyna, Oponowicz Karolina, *Pokochawszy. O miłości w języku*, Wydawnictwo Agora, 2018, s. 249.

początków związku ma bardzo regeneracyjne właściwości. Zawieszamy myśli na obrazach, które pomagają przywrócić porcję pozytywnych uczuć do partnera. Dopiero z takim nastawieniem jesteśmy w stanie działać na rzecz porozumienia, myśleć o wspólnej przyszłości. Nie da się zbliżyć do wroga ani też siłą nakłonić go do okazywania nam miłości.

Znaczenia dobrego nastawienia, podobnie jak świadomości, że to my dokonaliśmy wyboru, a zatem ponownie możemy to zrobić – nie da się przecenić. Są one czymś w rodzaju powiewu świeżego powietrza wpuszczonego do zamkniętego przez długi czas pokoju. Zasilają nas nową energią, rzucają inne światło na opatrzone ściany i przybrudzone meble. Zanim zajmiemy się „odkurzaniem", musimy wiedzieć, że jest świat poza tym pokojem, a my się w nim znaleźliśmy, bo tego chcieliśmy. Jeśli coś się w naszym związku zmieniło, to prawdopodobnie mieliśmy udział w tej zmianie. Zatem bez naszego wkładu pracy nie da się sprawić, żeby stary, zaniedbany pokój wyglądał jak nowy.

Możemy też podjąć decyzję, że chcemy się wyprowadzić. Jednak zupełnie inaczej dochodzimy do decyzji o rozstaniu, kiedy wiemy, że naprawdę jesteśmy gotowi to zrobić. Nie na złość ani nie za karę, tylko dlatego, że nie widzimy

Szczęśliwy związek tworzą ludzie, którzy potrafią być szczęśliwi. Wiedzą, jak korzystać ze źródła mocy, którym może być życie z ukochaną osobą. Potrafią nie tylko z niego pić, ale i je napełniać.

możliwości dalszego bycia razem. Przed zrobieniem tego trudnego kroku warto wiedzieć o sobie znacznie więcej niż na początku związku. Znać własne potrzeby odróżnić te, w których zaspokojeniu może pomóc partner, od tych, o które musimy sami zadbać. Nie można wziąć pełnej odpowiedzialności za związek, ale za siebie trzeba. Jeśli to zrobimy, nie ma ryzyka, że podobnie jak Marzena będziemy szukać w kolejnych partnerach tego, czego nie potrafimy odnaleźć w sobie. Czyli poczucia własnej wartości, które pozwala nam kochać i być kochanym. Drugi człowiek może sprawić, że nasze życie będzie piękniejsze, nadać mu szczególne znaczenie, pomóc odnaleźć głębszy sens, ale nie jest w stanie wypełnić nas od zera. Nie może odpowiadać za nasze być albo nie być i zajmować się nieustająco uzupełnianiem emocjonalnych deficytów.

Szczęśliwy związek tworzą ludzie, którzy potrafią być szczęśliwi. Wiedzą, jak korzystać ze źródła mocy, którym może być życie z ukochaną osobą. Potrafią nie tylko z niego pić, ale i je napełniać.

Dojrzała miłość to uczucie, którego siłą jest świadomość. Nie da się tego określić lepiej, niż zrobił to Erich Fromm: „Potrzebuję cię, bo cię kocham", a nie: „Kocham cię, bo cię potrzebuję".

ZAGUBIENI POMIĘDZY REZYGNACJĄ A DESPERACJĄ

Życie we dwoje nie jest odgórnie przyjętą normą i podobnie jak założenie rodziny nie jest też obowiązkiem. Wiele osób nie ma ochoty lub potrzeby bycia w związku. Czasami samotność to jedynie stan przejściowy, kiedy indziej świadomy wybór na dłużej. Powody są pewnie rozmaite, ale zostawmy je, bo to nie one są przedmiotem tej książki. Moje przemyślenia i wnioski zawarte w tym rozdziale dotyczyć będą osób, które choć nie chcą, są same. Świat im się na głowę nie wali, mają zorganizowane życia, radzą sobie. Ba, potrafią o siebie zadbać, mają dobre posady, ciekawe hobby i licznych znajomych. Jednak w głębi serca tęsknią za bliskością bardziej, niż mogłoby się wydawać. Częstokroć bardziej, niż sami zdają sobie z tego sprawę.

Tak właśnie było w przypadku Moniki, którą przedstawiałam wam na początku książki.

ROZSĄDNA KOBIETA W NIEROZSĄDNYM ZWIĄZKU

Przypomnijmy sobie dokładnie, w jakiej Monika znalazła się sytuacji.

Wyszedł już jakieś pół godziny temu, a ona nadal czuła jego obecność. Przez te trzydzieści minut nie ruszyła się z miejsca. Bała się, że jeśli to zrobi, w jednej sekundzie wszystko się skończy. Bez sensu. Doskonale wiedziała, że to kompletnie bez sensu. Niestety, ta wiedza w żaden sposób jej nie pomagała. Żeby jeszcze chociaż na jakiś czas odroczyć moment konfrontacji z rzeczywistością, wzięła do ręki telefon i niespiesznie, delektując się każdym słowem, zaczęła przeglądać esemesy.

„Wszystko pachnie tobą", „Musimy to koniecznie powtórzyć", „Przy tobie czuję się prawdziwym facetem", „Wiesz dobrze, ile dla mnie znaczysz".

Ona jednak nie wiedziała. Kiedy kilka miesięcy temu zaczęli się spotykać, ta wiedza nie była nikomu potrzebna. To, co się między nimi działo, nie potrzebowało żadnych interpretacji. Pracowali ze sobą od dawna, wielokrotnie widywali się na zebraniach zespołu albo mijali w kuchni czy w windzie. Jednak dopiero kiedy powierzono im do realizacji wspólny projekt, sprawy przybrały zupełnie inny obrót. Nikt niczego nie planował, niczego nie zakładał. Przeciwnie, Monika wiedziała doskonale, że Marcin ma rodzinę, co automatycznie skreślało go z listy kandydatów na faceta. Na jej faceta.

Oni przecież tylko ze sobą pracowali. Intensywnie i z pełnym zaangażowaniem, bo dokładnie tego wymagało ukończenie w terminie jednego z najważniejszych dla firmy projektów. Kiedy po dwóch nieprzespanych nocach i sześciu kawach kończyli składać ostatnią wersję prezentacji, w niczym nie przypominali pary przyszłych kochanków.

Nie pamięta dokładnie, które z nich zaproponowało, żeby – wbrew wcześniejszym postanowieniom, że jak tylko skończą, natychmiast zapadną w sen we własnych łóżkach – skoczyć jeszcze na lampkę wina. Natomiast doskonale pamięta, co się działo potem…

Może to wino, może zmęczenie, a może coś zupełnie innego spowodowało, że kiedy dotknął jej dłoni, nie miała najmniejszej ochoty jej zabrać. Przez ułamek sekundy wydawało jej się, że to przypadek. Kiedy jednak odważyła się spojrzeć w jego oczy i dostrzegła w nich to, co sama starała się ukryć – wiedziała, że o przypadku nie ma mowy. Zastygli w milczeniu na dobrych kilka minut, jakby chcieli nakarmić swoje tęsknoty ciepłem tego „niekontrolowanego" dotyku.

Gdyby w tamtym momencie była w stanie przewidzieć, jak wiele będzie ją kosztowało to, co właśnie zaczynało się dziać, prawdopodobnie zebrałaby resztki sił, żeby uciec. Nie wiedziała. Została.

Przez kolejnych kilka dni każde z nich na swój sposób próbowało sobie poradzić z wydarzeniami tamtej nocy. Monika starała się jak najwięcej czasu spędzać poza biurem na spotkaniach klientami, Marcin przyjął dodatkowe zlecenie i zamknął się z nim w swoim gabinecie. Kiedy jednak zdarzało im się niechcący trafić na siebie, chociażby wzrokiem, nie umieli udawać. Odwracanie głowy w drugą stronę lub nerwowe sięganie po telefon, żeby natychmiast „gdzieś" zadzwonić, nie pomagało.

Po tygodniu, w piątkowe popołudnie, kiedy wszyscy poza nimi wyszli z biura, Marcin nie wytrzymał. Podszedł do niej:

– Musimy o tym porozmawiać. Nie mogę przestać o tobie myśleć. Nigdy wcześniej mi się to nie zdarzyło. Proszę, wysłuchaj mnie przynajmniej.

Dzisiaj Monika już nie pamięta, co w jego słowach sprawiło, że go wysłuchała – czy to, że „nie może przestać o niej myśleć", czy to, że „nigdy wcześniej mu się to nie zdarzyło". Jednak pamięta bardzo dobrze, że to, co powiedział, było dokładnie tym, co chciała usłyszeć. Prawdopodobnie właśnie dlatego na wysłuchaniu Marcina się nie skończyło. Skoro wbrew wszystkim swoim zasadom wylądowała w łóżku z żonatym facetem, i to w dodatku kolegą z pracy, musiało się zdarzyć coś wyjątkowego. Nie może przyjąć do wiadomości, że władowała się po uszy w zwykły romans. Chce wierzyć, że to było coś więcej.

NADZIEJA JEST SILNIEJSZA NIŻ TRZEŹWE SPOJRZENIE NA RZECZYWISTOŚĆ

Dlaczego Marcin wdarł się do jej serca, a ona w żaden sposób nie mogła temu zapobiec? Gdzie się podziała jej siła, co robił jej rozsądek? Przecież wszystko w życiu ma dobrze przemyślane, nie chodzi z głową w chmurach, nie jest naiwną babą.

Nigdy wcześniej nie pozwoliła nikomu tak bardzo się do siebie zbliżyć. Problem w tym, że Marcin nie pytał o pozwolenie. Nie walczył też ani nie zdobywał. Po prostu sprawił, że czuła się kochana. Cokolwiek znaczyło to słowo, bo szczerze powiedziawszy, Monika nigdy wcześniej się nad tym nie zastanawiała. Owszem, niejeden raz była zakochana, sama też wielokrotnie mówiła, że kogoś kocha. Jednak jej poprzednie związki przypominały rollercoaster lub pole minowe. Pełno w nich było adrenaliny, walki temperamentów, w których zwycięstwem było chwilowe przejęcie władzy. Tym razem wszystko wyglądało inaczej. Łagodność Marcina otulała ją, koiła. Sposób, w jaki na nią patrzył, uwaga, z jaką jej słuchał, sprawiały, że czuła się przy nim jak mała dziewczynka. Może dlatego, że po raz pierwszy pozwoliła sobie na słabość przy mężczyźnie. Nie walczyła, nie szukała sposobu na zdominowanie go, ale pozwoliła mu się sobą zajmować. Chociaż sytuacja, w której się znaleźli, nie pozwala jej dobrze poznać Marcina, bo romans w niewielkim stopniu przypomina związek, była przekonana, że zna go bardzo dobrze. Budowała wyobrażenie o nim na podstawie tego, co chciała widzieć, a nie tego, co się realnie działo. Odsuwała od siebie myśli o jego małżeństwie, wierząc, że nie potrwa długo, a w zasadzie, że – jak twierdził Marcin – od dawna jest fikcją.

Większość czasu spędzali w pokojach hotelowych. Tylko niektóre ukradzione chwile udawało jej się zorganizować tak, żeby Marcin przyjeżdżał do niej. Przez pierwsze tygodnie spotkania w jej domu nie należały do rzadkości, ale ostatnio coraz mniej chętnie się na nie zgadzał. Nie mówił dlaczego, a raczej mówił, ale nie wszystko lub to, co było nieprawdą. Że musi odebrać starszego syna z zajęć, a potem będzie bardzo późno, albo że muszą się oboje wyspać, bo czeka ich ciężki tydzień. Monika wiedziała, że chodzi o coś zupełnie innego.

Na początku temat małżeństwa Marcina pojawiał się w ich rozmowie bardzo rzadko. Tak było łatwiej – gdy milczeli, mogli udawać, że problem nie istnieje. Tylko czasami po namiętnym seksie, kiedy zaplątani we własne ciała leżeli przytuleni do siebie, Marcin przerywał ciszę:

„Nie masz pojęcia, jak wiele bym dał, żeby zostać"
„Na samą myśl, że muszę TAM wracać, odechciewa mi się żyć"
„Skarbie, jest mi z tobą tak dobrze, zróbmy coś... Musimy coś zrobić"

I faktycznie przez jakiś czas Monika myślała, że coś z tym zrobią. Dokładniej, że on zrobi wszystko, żeby z nią zostać. Niestety, nic na to nie wskazywało. Przeciwnie, po pewnym czasie Marcin coraz częściej zaznaczał, że ma „drugie życie". Do Moniki pomału docierało, że tak naprawdę tam jest jego „pierwsze życie".

Nie ma pojęcia, jak to się stało, że pozwoliła, żeby małżeństwo Marcina wkroczyło w ich i tak malutki świat. Może dlatego, że początkowo poruszanie tego tematu budziło w niej nadzieję? Myślała, że łatwiej mu będzie podjąć decyzję o rozwodzie, kiedy wspólnie to przegadają, kiedy ona wysłucha go i zrozumie, jak mu źle. A przecież było mu bardzo źle! Nie musiał o tym mówić, ona i tak to wiedziała. Jej kochany, czuły i delikatny Marcin – w domu, w którym nikt go nie szanuje, gdzie na każdym kroku ma podcinane skrzydła. Nawet dzieci nie traktują go poważnie. Jest „maszynką do zarabiania pieniędzy", „wiecznie nieobecnym ojcem", „fatalnym mężem". Czy takie coś da się wytrzymać?

Miała nadzieję, że nie. Kiedy leżała z głową na jego męskiej piersi, była pewna, że to, co ich łączy, jest dla niego tak samo ważne jak dla niej.

Być może tak właśnie było. Niestety, kierunek, w którym rozwijał się ich związek, wskazywał na coś zupełnie innego. Choć Marcin nadal był najczulszym, najdelikatniejszym mężczyzną, z jakim kiedykolwiek miała do czynienia, to, co robił, wyraźnie zmierzało do wytyczenia ich relacji brutalnych granic. Niestety, w ich wytyczaniu zdanie Moniki nie miało większego znaczenia. Obserwowała z bólem serca, jak pomału odziera ze złudzeń jej wyobrażenie o ich wyjątkowej miłości:

„Wiesz przecież, jaką mam sytuację"
„Nie możemy ryzykować, ktoś nas może zobaczyć"
„Niedziela to dzień dla rodziny, nie mogę tak po prostu wyjść z domu"

Krótkotrwały ból jest ciosem; ten, który trwa długo, staje się cierpieniem. Nie potrafiła sobie odpowiedzieć na pytanie, dlaczego teraz, po kilku miesiącach od ich pierwszej nocy, kiedy już wie, że powinna z tym skończyć, nie jest w stanie tego zrobić. Przecież już jakiś czas temu przestała wierzyć, że on odejdzie od żony.

NIE ZAWSZE WIEDZA WYSTARCZY, ŻEBY PODJĄĆ DECYZJĘ

Kiedy Monika opowiada mi o tym wszystkim, jest coraz bardziej świadoma sytuacji, w której się znalazła. Wciąż jednak nie potrafi się zdobyć na zerwanie z Marcinem. Nie ma siły się rozstać ze starannie pielęgnowanymi złudzeniami. Nadal czyta esemesy od niego po kilka razy, choć coraz częściej musi sięgać do tych sprzed wielu tygodni, bo ostatnio przychodzą zazwyczaj zdawkowe informacje dotyczące miejsca i godziny spotkania.

To, że wie, co się dzieje, i że w coraz większym stopniu odczuwa negatywne skutki romansu z Marcinem, nie oznacza, że jest gotowa do podjęcia decyzji. Niezależnie od bólu, jaki sprawia jej każdy kolejny dowód na brak przyszłości ich związku, nadal jest jej w tym trudnym układzie lepiej niż samej. Zwłaszcza że jej samotność przedtem była zupełnie inna niż ta, której się obawia teraz. Bo Monika wie już dokładnie, co to znaczy czuć się kochaną, nawet jeśli to uczucie nie do końca daje siłę, radość czy ukojenie.

To, że jesteśmy rozsądnymi, odpowiedzialnymi osobami, nie czyni nas wolnymi od potrzeby miłości, nie pozbawia nas tęsknot i pragnień z nią związanych. Zwłaszcza kiedy zbyt długo tłumimy w sobie tę potrzebę i usiłujemy zaprzeczyć jej istnieniu.

Niewielu z nas wie, że żyjąc daleko od samych siebie, nie jesteśmy w stanie być blisko z drugim człowiekiem. Tak długo, jak nie potrafimy zajrzeć do swojego środka, tak długo nie ma szans, żebyśmy tam kogoś wpuścili. Trudno nam brać i jeszcze trudniej się dzielić. Nie wiemy, co sami mamy, a czego tak naprawdę potrzebujemy od drugiej osoby. Nie ma znaczenia, czy żyjemy w pojedynkę, czy w związku, bo tak czy inaczej, jesteśmy bardzo samotni.

Monika zdała sobie z tego sprawę dopiero wówczas, kiedy zakochała się w Marcinie.

Żeby lepiej zrozumieć to, co się aktualnie dzieje w jej życiu, poznajmy ją nieco bliżej.

KILKA LAT WCZEŚNIEJ

Monika zawsze miała powodzenie u mężczyzn. Nawet jeśli w towarzystwie były atrakcyjniejsze koleżanki, i tak to ona przyciągała uwagę. Ładna buzia, zgrabna figura, stylowy ciuch. Jednak nie uroda była jej największym atutem, ale błyskotliwość, siła przebicia, temperament. Jeszcze pięć lat temu nie zdarzał się facet, który by jej odmówił. Potrafiła „wyrwać" nawet najbardziej oporne egzemplarze. A tacy mężczyźni interesowali ją szczególnie. Pewni siebie, o zuchwałym spojrzeniu, które dawało do zrozumienia, że nie muszą o nic prosić. Uwielbiała sprawdzać, czy faktycznie, tak jak deklarują, nie są zainteresowani stałym związkiem.

Monika nigdy nie była zdobyczą – to ona zdobywała, a potrafiła to robić naprawdę dobrze. Wiedziała, że natura męska każe „gonić króliczka", że prawdziwy, silny facet nie weźmie nic, co jest łatwe. Dlatego jej miłosne podboje nigdy nie były dziełem przypadku, tylko po mistrzowsku realizowaną strategią. Kiedy na horyzoncie pojawiał się samiec alfa, najlepiej przystojny i wysportowany, Monika wiedziała, co robić. Atrakcyjna, przebojowa dziewczyna, która niczego od faceta nie potrzebuje. Słuchała z zainteresowaniem, zachwycała się jego słowami, a jednocześnie sama miała wiele

Niewielu z nas wie, że żyjąc daleko od samych siebie, nie jesteśmy w stanie być blisko z drugim człowiekiem. Tak długo, jak nie potrafimy zajrzeć do swojego środka, tak długo nie ma szans, żebyśmy tam kogoś wpuścili. Trudno nam brać i jeszcze trudniej się dzielić. Nie wiemy, co sami mamy, a czego tak naprawdę potrzebujemy od drugiej osoby.

do powiedzenia. Zmysłowa w łóżku, nad ranem nadal nieco niedostępna. Kiedy wszystko stawało się prawie oczywiste, ona robiła krok w tył, bo „nie chce nikogo ograniczać".

Bardzo szybko pan, który wcześniej deklarował niechęć do związków, marzył o tym, żeby taka kobieta jemu właśnie pozwoliła się zdobyć.

To, że Monika dokonywała wielu podbojów miłosnych, nie oznacza, że była typem podrywaczki, której na nikim nie zależało. Za każdym razem miała nadzieję, że to będzie facet jej życia. Dlatego się w te związki angażowała. W jej przekonaniu to były prawdziwe miłości. Zakochiwała się w mężczyźnie i szukała najlepszej drogi do tego, żeby możliwie jak najszybciej on także się w niej zakochał. Za każdym razem miała klarowną wizję ich wspólnej przyszłości i postanawiała ją zrealizować. Nie z wyrachowania czy zimnej kalkulacji, ale w poczuciu, że marzeniom trzeba pomóc. I ona wie, jak to zrobić.

Kompletnie nie zdawała sobie sprawy, że jej życie uczuciowe toczyło się w głowie. Tam też podejmowała niełatwe decyzje o tym, że skoro im nie wychodzi, to ona musi odejść. Najczęściej rozstania następowały z jej inicjatywy, zazwyczaj z tych samych powodów. Wszystko jedno, czy mówimy o przystojnym surferze poznanym na plaży w Hiszpanii, czy o prezesie wielkiego banku, z którym leciała w jednym samolocie na Bali, czy o przebojowym właścicielu sieci restauracji poznanym podczas imprezy służbowej. Chociaż każdy z nich był inny, wszyscy mieli podobne cechy. Podobnie układały się także historie ich związków z Moniką. O takim typie facetów zwykło się mówić „mężczyzna z charakterem".

Temperatura relacji przez pierwsze miesiące była bardzo wysoka: dużo adrenaliny i planów na przyszłość snutych w chwilach uniesień. On szczęśliwy, że ona wreszcie jest jego, a ona dumna, że ma faceta marzeń. Dwie silne osobowości kipiące energią i wolą działania.

Kiedy jednak emocje traciły na gwałtowności, a jednocześnie nadchodziła proza życia, sprawy zaczynały się komplikować. Monika miała znacznie mniej ochoty na dalsze czarowanie sobą. Już nie słuchała z zachwytem i nie tańczyła przy blasku księżyca. Zmieniał się także znacząco poziom jej tolerancji. Irytowało ją to, że jej partner widzi świat poza nią, że ma też własne życie. Rozpoczynała zatem trudną i bardzo wyczerpującą pracę „wychowawczą". Była nie mniej zdeterminowana niż przy wszystkich innych zadaniach, których podejmowała się w życiu. Do pewnego stopnia udawało jej się utemperowywać swoich narzeczonych, jednak skutki tego procesu były zbyt dotkliwe, żeby mogli dalej być razem. Oni czuli się coraz bardziej dominowani, na co reagowali agresją lub wycofaniem.

Dla Moniki żadna z reakcji nie była dobra. Agresja ją przerażała, więc uciekała natychmiast. Wycofanie odbierała jako uległość. Przecież wybrała silnego faceta nie po to, żeby stał się pantoflarzem. Nie chce stracić do niego szacunku tak jak jej matka do ojca. Mężczyzna musi mieć własne zdanie i silny charakter, ma imponować kobiecie.

Monika nie wiedziała, że jej oczekiwania, podobnie jak sposób, w jaki się zachowywała, były sprzeczne. Potrzebowała siły po to, by chwilę później robić wszystko, żeby tę siłę zdominować.

DLACZEGO TAK SIĘ DZIAŁO?

Przyczyn takiego zachowania Moniki może być kilka. Jej temperament, niedojrzałość emocjonalna, czy wreszcie praktykowany przez lata styl życia. Spędzając w pracy większość czasu, obcując ze stresem na co dzień, żyjąc w dzikim tempie, starała się prywatne sprawy prowadzić równie dynamicznie. Wypoczywała także z planem w ręku, nawet wyjazd do mnichów tybetańskich, który miał ją uduchowić, był szczegółowo zaplanowany i perfekcyjnie zorganizowany.

To wszystko mogło mieć wpływ na jej podejście do związków.

Sięgnijmy jednak jeszcze głębiej. Zajrzyjmy w czasy jej dzieciństwa, żeby się zastanowić, w jakim stopniu relacje Moniki z mężczyznami ukształtowało to, co przez lata obserwowała u swoich rodziców.

Mama, wybitny naukowiec, szanowana pani profesor, urodziła Monikę w wieku 38 lat, kiedy w zasadzie pożegnała się już na dobre z wizją macierzyństwa. Przelotny romans z młodszym o prawie dziesięć lat doktorantem pozostawił znacznie trwalszy ślad, niż zakładała. Kiedy się okazało, że jest w ciąży, natychmiast zdecydowała, że wezmą szybki ślub, żeby nie robić dodatkowej sensacji. Mama Moniki zawsze była bardzo dobra w podejmowaniu decyzji i to dało się zauważyć w jej związku już od pierwszych dni małżeństwa.

Ojciec, spokojny i skromny człowiek, nie przepadał za konfrontacją i nie szukał wyzwań. Akceptował odgórne ustalenia żony i nie miał najmniejszego zamiaru się przeciwko nim buntować. Sprawiał wrażenie szczęśliwego, przynajmniej pozornie. Dom traktował jak długoterminowy hotel, w którym niewiele się działo, ale był dach nad głową i ciepłe łóżko. Listę powierzanych mu obowiązków realizował w poczuciu, że powinien te rzeczy robić, skoro z tego „hotelu" korzysta.

Przez lata pracował na uczelni, tej samej co żona. Tyle że on był jednym z wykładowców, a ona ważną panią rektor. Mało rzeczy go w życiu zachwycało, a nawet jeśli było inaczej, rzadko to okazywał. Jedynie córce nie szczędził wyrazów zachwytu. Kochał ją całym sercem i nie potrafił niczego odmówić. I nie było to uleganie, jak w przypadku żony, lecz szczera chęć uchylenia jej nieba.

Monika kochała ich oboje, ale były to zupełnie inne miłości. Zdanie mamy było dla niej niezwykle ważne, ceniła bardzo jej rady, nawet wówczas, kiedy się z nimi nie zgadzała. Podziwiała jej wiedzę, intelekt oraz skuteczność, z jaką realizowała zawodowe cele. Bardzo jej zależało na tym, żeby mama była z niej dumna, zwłaszcza że zasłużyć na jej pochwałę wcale nie było łatwo. Jednak nigdy nie odważyła się usiąść na jej kolanach, nawet jako mała dziewczynka. Nie umie tego wytłumaczyć i niezbyt dobrze pamięta, dlaczego tak się działo. Wie tylko, że to tata był od przytulania. Pocieszał, kiedy płakała, wspierał w trudnych chwilach. Zawsze od niego słyszała, że jest „najlepszym, co mu się w życiu przydarzyło".

Bliska relacja z ojcem miała dla Moniki wielkie znaczenie. Kochała go bardzo i choć od lat ze względu na jej pracę ich kontakty były dosyć rzadkie, nie wyobrażała sobie, że kiedyś go zabraknie. Zawsze kiedy czuła się naprawdę podle, dzwoniła do tatusia, żeby usłyszeć, że wszystko się ułoży, że zły czas zaraz minie, a ona będzie szczęśliwa.

Jednak to, że darzyła ojca miłością jako córka, nie zmieniało faktu, że nie potrafiła go szanować jako faceta. W tacie mężczyźnie widziała same wady. Irytowało ją, że od lat ulega matce, pozwala sobą pomiatać i nie ma własnego zdania.

Jeszcze bardziej stracił w jej oczach, kiedy na studiach dowiedziała się o jego przelotnym romansie – krótkiej przygodzie z panią Alą, która kiedyś pomagała im utrzymać porządek w domu, a podczas wakacji podlewała kwiatki. Właśnie podczas jednej z „kwiatkowych" wizyt Monika ich przyłapała. Rodzice mieli wrócić z urlopu razem, ale mama pojechała jeszcze na dwudniową konferencję do Krakowa. Monika wtedy już od ponad roku nie mieszkała z rodzicami. Przekonana, że ojciec jest sam w domu, postanowiła mu zrobić niespodziankę. Ku jej zaskoczeniu, kiedy otworzyła drzwi, w kuchni zastała Alę. W pierwszej chwili pomyślała, że ta właśnie podlewała kwiatki. Jednak po kilku minutach dotarło do niej, że jak na tego typu wizytę Ala była zbyt wystraszona. Błyskawiczne opuszczenie ich domu, szybkie zabranie torebki pozostawionej wraz z rajstopami na kanapie w salonie nie pozostawiło złudzeń.

Monika pamięta, że nie była wcale zła na ojca o to, że się z kimś spotyka. No, może przez moment. Latami obserwowała rodziców i wielokrotnie się zastanawiała, dlaczego nadal są razem. Oddzielne sypialnie, posiłki jadane o różnych porach. Rozmowy, które ze sobą prowadzili, dotyczyły spraw organizacyjnych lub wspólnych corocznych wyjazdów, jedynego małżeńskiego rytuału. Nie mogła pojąć, dlaczego nie zdecydują się rozejść. Przy odrobinie wysiłku była w stanie zrozumieć matkę, bo obecność męża zwyczajnie ułatwiała jej życie. Oddana bez reszty nauce, wiecznie zajęta pani profesor miała z głowy większość przyziemnych spraw, takich jak opłacanie rachunków czy robienie zakupów. Ale tata? Dlaczego tkwił w takim życiu? Przecież ona od dawna nie była dzieckiem, więc już nie dla niej to robił.

Zastanawiała się nieraz, czy on w ogóle jest w stanie cokolwiek w życiu zrobić dla siebie. Dlatego widok taty z niedopiętym rozporkiem i wystraszonym wzrokiem jeszcze chwilę po wyjściu Ali zaskoczył ją, a nie wkurzył. Miała nadzieję, że to coś poważnego i ojciec wreszcie odważy się być szczęśliwy.

Tak się nie stało. Rozmawiali tego dnia do późna. Niewiele z tej rozmowy pamięta poza tym, że tłumaczył się bardzo i błagał, żeby nie mówiła mamie. Obiecał, że to się nigdy więcej nie powtórzy, a Ala, która i tak za kilka tygodni przeprowadza się do syna mieszkającego w Londynie, już nigdy się w ich domu nie zjawi.

Chyba nie to chciała od niego usłyszeć. Dobrze pamięta, że wtedy właśnie wydawało jej się, że straciła resztki szacunku do swojego taty. Było jej niemiłosiernie przykro. Za niego jej było przykro, nie za siebie. Za przegrane życie, rezygnację i brak woli działania.

Postanowiła tego dnia dwie rzeczy. Po pierwsze, że nie powie mamie, bo to i tak niewiele zmieni. Po drugie, że nigdy, ale to nigdy nie będzie z facetem takim jak jej tata.

Nie chciała spędzić życia z kimś, kto nie ma własnego zdania. Pragnęła mieć partnera, którego będzie szanować. Szukała silnych mężczyzn, pewnych siebie, z pasją. Miała nadzieję, że uda jej się stworzyć szczęśliwy związek. Nie taki jak jej rodziców.

Jednak kiedy zaczynała się z kimś spotykać, a relacja przeradzała się w coś poważniejszego, odzywała się w niej potrzeba pokazywania własnej siły. Chociaż miała wrażenie, że nadal jest tą samą uroczą i fascynującą Moniką co na początku związku, zamieniała się w dominującą, wiedzącą wszystko lepiej kobietę. Oczekiwała, że jej zdanie będzie ostatnim zdaniem, bo przecież argumenty za tym przemawiają. Jej argumenty, rzecz jasna, bo inne w opinii Moniki były bezpodstawne. Emocjonujące niegdyś dyskusje dwóch osób o różnych poglądach stawały się nieprzyjemnymi kłótniami. Kiedy rosnące napięcie przeplatane coraz większymi awanturami robiło się nie do zniesienia, odchodziła. Wiedziała, że jeśli ona tego nie zrobi, za chwilę zrobi to partner, a do takiej sytuacji nie mogła przecież dopuścić.

Kiedy natomiast mężczyzna, z którym aktualnie była, ulegał jej presji i starał się podporządkować lub udawał, że to robi, traciła do niego szacunek. Była pewna, że jeśli z kimś takim zostanie, całkiem go zdominuje. Do tego także nie chciała dopuścić.

Nie zdawała sobie sprawy, jak wiele się nauczyła od matki, a już z pewnością nie miała pojęcia, w jaki sposób z tej nauki korzysta. Zabiłaby ją ta wiedza, bo tak jak nie wyobrażała sobie, że będzie kiedykolwiek z mężczyzną podobnym do ojca, tak za żadne skarby nie chciała być kobietą podobną do matki. Zawodowo może i tak, ale prywatnie nigdy. Ceniła ją bardzo za to, co osiągnęła, ale przerażały ją apodyktyczność i chłód, którym przeszywała każdego, kto próbował się zbliżyć.

Ale Monika nie miała pojęcia o tym, że zachowuje się w sposób podobny do matki, więc nie spędzało jej to snu z powiek.

Żeby się dowiedzieć, co sprawiło, że w ostatnich latach się zmieniła, wróćmy do jej historii jakiś czas przed pojawieniem się Marcina.

KONIEC ERY NIEŚMIERTELNOŚCI

Do trzydziestego piątego roku życia Monika w ogóle nie zastanawiała się nad tym, czy być może coś jest z jej życiem uczuciowym nie tak. Było jej dobrze bez względu na miłosne wzloty i upadki. Szła jak torpeda w pracy i potrafiła się bawić wtedy, kiedy nie pracowała. To, co robiła zawodowo, dawało jej adrenalinę i satysfakcję. Czuła się coraz bardziej doceniana, kompetentna, pewna siebie. Praca była jej źródłem mocy, a przynajmniej tak jej się wydawało. Nie myślała o sobie: „jestem samotna", tylko: „jestem niezależna". W końcu to jej świadomy wybór, że nie skupia się na układaniu życia rodzinnego, tylko inwestuje w siebie i swój rozwój. O rozwój wewnętrzny, jak jej się wydawało, też potrafiła zadbać. Kursy jogi na Bali, medytacje pod okiem mistrzów, warsztaty ze sztuki relaksowania się.

„Po co mi związek na siłę? Niczego mi nie brakuje, mam piękne życie" – lubiła powtarzać na imprezach, gdy któryś ze znajomych pytał, czy z kimś się spotyka.

Właśnie podczas jednej z takich imprez zdarzył się telefon od matki. Zazwyczaj w podobnych sytuacjach Monika nie odbierała i oddzwaniała następnego dnia, kiedy już odespała noc i zdążyła dojść do siebie. Jednak mama nigdy nie dzwoniła dwa razy z rzędu. Kiedy więc, wychodząc na papierosa, zobaczyła kilka nieodebranych połączeń, doszła do wniosku, że to chyba coś ważnego, i dokładnie w chwili, w której postanowiła oddzwonić, telefon wyświetlił numer mamy po raz kolejny:

– Cześć Moniko, wybacz, ale nie będę owijała w bawełnę. Myślę, że powinnaś jutro przyjechać do Gdyni, z tatą nie jest dobrze – spokojny głos matki nie współgrał z jej słowami.

– Jak to niedobrze?! Co się stało? – podwójna whisky wypita chwilę wcześniej wyparowała w sekundę, lekkie rozkojarzenie ustąpiło miejsca przerażeniu.

– Ojciec miał wylew. Jest w szpitalu, nie wiadomo, czy z tego wyjdzie – rzeczowo i konkretnie odpowiedziała mama.

Monika nie pamięta kilku kolejnych godzin. Nie wie, jak dała radę wrócić do domu, spakować się w pół godziny i zamówić bilety na najwcześniejszy lot do Gdańska. Pierwszy obraz, jaki zachował się w jej głowie, to widok nieprzytomnego ojca na wielkim szpitalnym łóżku. Nie mogła, nie chciała, nie była w stanie tego zrozumieć. Pierwszy raz głowa odmówiła jej posłuszeństwa. Myśli biegały bezradnie, nie miała pomysłu, co robić. W gardle, choć nic nie jadła od wczoraj, utknęło coś tak wielkiego, że trudno jej było oddychać, nie mogła wydobyć z siebie słowa. Stała bezradna jak dziecko przy swoim kochanym tatusiu. Czuła, że już nie będzie się miała do kogo przytulić.

PRZYSZEDŁ CZAS PYTAŃ BEZ ODPOWIEDZI

Po śmierci taty nic już nie było takie samo. Pozornie niewiele się zmieniło. Monika nadal pracowała intensywnie, chyba jeszcze bardziej niż do tej pory. Brała na siebie tak wiele obowiązków, że ich wykonanie przez jedną osobę wydawało się nierealne. Ona dawała radę. Wypełnienie doby po brzegi pozwalało jej uciekać od tego, co bolało. A ból był czasami bardzo dotkliwy. Najgorsze było jednak to, że nie mogła zrozumieć, co się z nią dzieje. Owszem, bardzo kochała tatę i jego odejście było dla niej dużym ciosem. Jednak nie sam fakt jego śmierci tak ją zdołował. Potrafiła sobie wytłumaczyć, że musiało tak być, wiedziała, że każdego to kiedyś czeka, i nikt nie wie, kiedy przyjdzie jego pora. Ułożyła sobie to w głowie. Jednak z emocjami nie poszło jej tak prosto. Przez pierwszy rok wiele razy budziła się w środku nocy spocona i wystraszona. Nie była w stanie przypomnieć sobie, co jej się śniło, ale bała się zasnąć ponownie. W ciągu dnia zdarzało jej się na chwilę odpływać, zawieszać pomiędzy tym, co się dookoła niej działo, a własnymi myślami. Inaczej wyglądały też jej spotkania ze znajomymi. Nie miała ochoty być w centrum uwagi, bardziej odpowiadała jej pozycja obserwatora.

Tak jakby oglądała życie z trybuny dla widzów i zastanawiała się, którą z biegających po boisku postaci jest ona sama. W poszukiwaniu odpowiedzi na to pytanie zaczęła analizować swoje dotychczasowe, dorosłe życie. Miała poczucie, że choć działo się w nim tak wiele, nie miało ono prawdziwego smaku. Jak pączek z amerykańskiej sieciówki: kolorowy, puszysty i oblany lukrem kusi tak, że trudno mu się oprzeć, jednak kiedy wkładasz kolejne kęsy do ust, wiesz już, że się nim nie nakarmisz, a tylko wypchasz żołądek.

Tak właśnie czuła się Monika. Pełna i pusta zarazem.

Wszystkie dotychczasowe związki wydały jej się pozbawione głębszego sensu. Miała wrażenie, że żadnego ze swoich facetów, bez względu na to, czy spotykali się rok, czy kilka miesięcy, nie znała. Byli dla niej jak obcy ludzie. Nie potrafiła sobie przypomnieć ani jednej ważnej rozmowy, poza kłótniami o to, co będą robić lub czego nie będą robić. Przepychanki słowne, demonstrowanie tego, kto sobie lepiej poradzi, kiedy już nie będą razem. Tak jakby jedynym celem tych związków było udowodnienie własnej siły.

Nie chciała tego już więcej. Jednak nadal nie wiedziała, czego chce. Nie miała kogo o to zapytać.

Praca przynosiła jej ulgę. Działała lepiej niż alkohol, który pomagał na krótko, a przede wszystkim odbierał kontrolę. Na to nie mogła sobie pozwolić. I bez tego była wystarczająco zagubiona i bezradna. Zatem uciekała w pracę i od ludzi. Postanowiła, że zbierze się w sobie i zapanuje nad tym chwilowym kryzysem. Przecież działanie zawsze przynosi efekty.

Zapisała się na kurs hiszpańskiego i podyplomowe studia MBA. Przez cztery lata udało jej się przeskoczyć z lokalnych struktur firmy do międzynarodowej kadry menedżerskiej. Była jedną z trzech kobiet na tak wysokim stanowisku w całej wielotysięcznej organizacji. Latała po całym świecie.

Dostawała najciekawsze, najbardziej prestiżowe projekty do realizacji.

Właśnie podczas przygotowywania jednego z takich projektów wydarzyła się sytuacja z Marcinem.

ALE CO SIĘ TAK NAPRAWDĘ WYDARZYŁO?

Nigdy nie dowiemy się, jak to się stało, że Monika i Marcin zbliżyli się do siebie. Jednak znając lepiej Monikę, wiedząc o niej znacznie więcej niż na początku, możemy spojrzeć na sytuację z nieco innej perspektywy.

Możemy poszukać związku pomiędzy jej przeszłością a tym, co się dzieje obecnie. Próbować zrozumieć, dlaczego postępuje w ten, a nie inny sposób. Co ważniejsze, możemy się zastanowić, czy w naszym własnym życiu nie dzieje się podobnie.

WRESZCIE MOŻEMY BYĆ SOBĄ I DOBRZE WIEMY, ŻE TYM RAZEM ZROBIMY INACZEJ

Opuszczenie domu rodzinnego pachnie wolnością. Tak intensywnie pachnie, że oddychając zbyt gwałtownie, można się przydusić. Wszystko jest dla nas i tylko my decydujemy, gdzie postawić granicę. Wreszcie możemy zrealizować swoje postanowienia i w dorosłym życiu robić inaczej niż nasi rodzice. Bo nie ma w tym nic dziwnego, że podobnie jak Monice wielu z nas model życia mamy i taty nie do końca odpowiada. Wydaje nam się, że od postanowienia do realizacji droga bardzo krótka.

Przecież dokładnie wiemy, co nas wkurzało, irytowało, z czym nie mogliśmy się zgodzić.

Wiele razy słyszę od moich klientów i znajomych:

„Nigdy nie będą taka jak moja matka, dziwię się, że ojciec z nią tyle wytrzymał"

„W życiu nie pozwolę sobie wejść na głowę jak mój ojciec, nie będę pantoflarzem"

„Nie zmarnuję sobie życia tak jak oni, nie będę wegetować w związku bez przyszłości"

„Nie dopuszczę do tego, żeby mój facet traktował mnie w taki sposób jak tata mamę"

„Nigdy nie będę taki jak on i nie zostawię swojej rodziny"

„Nie będę cierpieć przez całe życie, będąc jak ona z kimś, kogo nie kocham"

Lista jest znacznie dłuższa i każdy z nas, niezależnie od tego, z jakiego domu pochodzi, ma kilka takich „nigdy" dotyczących własnej mamy lub taty. Jest wiele teorii psychologicznych mówiących o specyfice relacji pomiędzy rodzicami a dziećmi, z rozróżnieniem na płeć dziecka i rodzica oraz podziałem na konkretne etapy życia. Jedno jest pewne – wpływ na nasze dorosłe życie niezaspokojonych w dzieciństwie potrzeb jest znacznie większy, niż nam się wydaje. Szczegółowo można by te zależności omawiać bardzo długo. Pozwólcie, że na potrzeby tej książki skupię się jednak na tym, co według mnie może najbardziej pomóc w zrozumieniu trudnej sytuacji Moniki. I co daje szansę na to, żeby się z niej wydobyć.

Mam nadzieję, że niektórym z nas uda się coś dla siebie w jej historii odnaleźć.

DOSTAJEMY ZAWSZE. NIE ZAWSZE TO, CZEGO PRAGNIEMY

Monika ceni swoją matkę za osiągnięcia zawodowe i skuteczność, ale nie znosi jej chłodu i apodyktyczności. Jako dorosła osoba potrafi sobie z tym jakoś radzić, ale kiedy była małą dziewczynką, bardzo jej brakowało ciepła ze strony mamy. Kobieta, która zawsze miała do zrobienia coś ważniejszego niż zabawa z córką czy słuchanie jej dziecięcej paplaniny. Monika pamięta, jak w któreś święta wparowała do gabinetu matki z wypiekami na twarzy i wielkim pudłem w rękach. Miała nie więcej niż osiem lat i właśnie rozpakowała jeden z prezentów:

– Zobacz! Zobacz! Udało się, udało! Święty Mikołaj zdążył przeczytać mój list i przyniósł mi domek dla lalek! – krzyczała piskliwym głosikiem już od przedpokoju.

Mama podniosła na chwilę wzrok znad książki, spojrzała na nią, po czym spokojnie wyartykułowała:

– Kochana, prosiłam was o pół godziny spokoju, muszę to skończyć na jutro.

Widząc minę Moniki, dodała:

– Cieszę się, że jesteś zadowolona z prezentu, choć mówiłam tacie, że jesteś już na to za duża i lepsze byłyby narty.

Jednym ruchem mama zniszczyła spontaniczną radość z prezentu, wiarę w Mikołaja i dobre samopoczucie Moniki.

Tata zawsze tłumaczył zachowanie mamy. Podkreślał, że jest naprawdę zajęta, bo ma bardzo odpowiedzialną pracę, ale oboje kochają swoją córkę równie mocno. Starał się też w dwójnasób wynagradzać Monice każdą przykrość i obficie obdarowywał tym, czego nie dostawała od matki. To on całował w kolano, kiedy spadła z roweru, przytulał, kiedy płakała pół nocy, bo pokłóciła się z najlepszą przyjaciółką Zośką. Słuchał opowieści o chłopakach, którzy się jej podobali, i podawał aspirynę po studniówce na pierwszego w życiu kaca. Niczego córce nie potrafił odmówić i szczerze zachwycał się każdym, nawet najmniejszym jej dokonaniem.

Kiedy jednak trzeba było zdopingować Monikę do zdawania egzaminów na najlepszą uczelnię, mama była niezastąpiona. Wiedziała, jak ją zmobilizować. Mistrzowsko budziła ambicje wysoko ustawioną poprzeczką i zapowiedzią: „Będę z ciebie dumna", „Wiem, że potrafisz to zrobić". To dzięki matce Monika nauczyła się osiągać cele.

Chłodna i silna mama, ciepły i niesilny tata. Można by, podobnie jak przez wiele lat myślała o tym Monika, zamknąć opis jej rodziców w tych kilku słowach. Byłoby to jednak zdecydowanie zbyt powierzchowne, zwłaszcza w kontekście ich wpływu na życie córki.

WIDZIMY TYLKO KAWAŁEK OBRAZKA

Jak powiedziała w jednym z wywiadów Ewa Woydyłło-Osiatyńska: „Tożsamość córki jest zaplątana w wizerunek matki"*. Od niej uczymy się, jak być kobietą, jak funkcjonować w relacji z mężczyzną, jak sobie radzić z problemami. Jednak przyswajanie tej wiedzy nie zawsze odbywa się z naszym świadomym udziałem. Czasami wydaje nam się, że bierzemy jedynie to, co nam odpowiada, i w pełni kontrolujemy to, co z tym robimy. Monika podziwiała skuteczność mamy w pracy i podobnie jak ona podchodziła do celów zawodowych. Natomiast nie miała najmniejszego zamiaru uczyć się od niej, jak tworzyć szczęśliwy związek. Dla Moniki małżeństwo rodziców było porażką. Przyczyn tej porażki upatrywała przede wszystkim w tym, że się źle dobrali. Miała do nich pretensje, że choć ewidentnie byli ze sobą nieszczęśliwi, nie potrafili się rozstać. Monika nie miała wątpliwości, że nie chce żyć tak jak oni: mama uciekająca coraz bardziej w naukę i pracę, tata wycofany i romansujący na boku.

Dlatego postanowiła dokonywać lepszych wyborów. Nie przyszło jej jednak do głowy, że sposób, w jaki traktowała narzeczonych, bardzo przypominał to, co robiła jej mama. Podchodziła do związku jak do zadania. Szukała silnego partnera, jakby sama siła była gwarancją udanego związku, który będzie trwał przez lata. Wyobrażała sobie, że będą się

* Olekszyk Joanna, *Matka i córka: Dajesz tyle, ile dostałaś*, http://zwierciadlo.pl/parenting/wychowanie-dziecko/matka-i-corka-dajesz-tyle-ile-dostalas [dostęp 5.07.2018]

wzajemnie motywować i wspierać. Tyle że w jej odczuciu to ona wiedziała lepiej, co jest dla nich obojga najlepsze. Chciała decydować, a nie dyskutować. Różnicę zdań traktowała jako zagrożenie. Przeżywała na zmianę a to frustrację, a to irytację. Wyczerpana i rozczarowana wycofywała się z relacji.

Ojciec Moniki dawał jej poczucie bezpieczeństwa i bezwarunkowej akceptacji. Tego jej własna matka nie dostała od swojego taty. Prawdopodobnie dlatego inaczej kończyły się toczone przez obie kobiety wojny o władzę. Matka pomimo swojej wewnętrznej siły jako kobieta nie czuła się pewnie. Być może z tego właśnie powodu trwała w układzie, który mogła kontrolować. Monika, „dokochana" przez ojca, miała poczucie, że zasługuje na wszystko, i nie miała najmniejszego zamiaru się ograniczać, także jeśli chodzi o satysfakcję ze związku. Porzucała mężczyzn, którzy nie spełniali jej oczekiwań.

Znaczenia miłości ojca do córki nie da się przecenić, ale mądra miłość to także pokazywanie dziewczynce świata. Uczenie stawiania własnych granic i szacunku dla granic innych ludzi. A także uświadomienie, że żaden mężczyzna nie będzie w stanie kochać jej miłością taką, jaką kocha ją tata. I całe szczęście, bo zupełnie inna jest rola ojca niż rola ukochanego mężczyzny. Każdy facet przegra konkurencję z pozbawionym wymagań, bezkrytycznym ojcem. Tyle że w gruncie rzeczy będzie to przegrana córki. Szukając tego, co niemożliwe, będzie traciła szansę na prawdziwe życie. Tak jak Monika przez kilka lat w pogoni za mężczyzną idealnym, czyli takim, który nie istnieje.

Nasze uczenie się od rodziców bardzo często sięga znacznie głębiej niż to, co jesteśmy w stanie objąć pamięcią dorosłego człowieka. Widzimy zaledwie kawałek całego obrazka, jakim jest suma wszystkich naszych doświadczeń. Życie malowało ten obraz przez całe lata, kolejne warstwy powstawały w różnych okresach, w różnym świetle. Wydaje nam się, że doskonale wiemy, co nas kształtowało, i potrafimy z tej wiedzy korzystać. Tak się zdarza, ale niezwykle rzadko. Zazwyczaj dopiero w sytuacji, kiedy życie konfrontuje nas z problemami, których źródła nie umiemy rozpoznać, zastanawiamy się, czy naprawdę wiemy wszystko. A przynajmniej na tyle dużo, żeby coś w swoim życiu zmienić.

UTRATA PEWNOŚCI BYWA POCZĄTKIEM WOLNOŚCI

Jeśli tkwimy od lat w ograniczających schematach, a ich negatywne skutki są dla nas zbyt mało dotkliwe, nie widzimy powodów, żeby coś w życiu zmieniać. Czasami funkcjonujemy tak przez całe życie, bezrefleksyjnie podchodząc do powtarzających się zdarzeń. Albo przyczyn pojawiającej się frustracji szukamy w tym, co nas otacza. Ewentualnie obwiniamy innych o nasze pogarszające się samopoczucie. „Jestem nieszczęśliwa, bo on nie potrafił mnie kochać" czy „Przez niego nie czułam się prawdziwą kobietą".

Jednak czasami wydarza się coś, co potrafi zatrząść w posadach całym naszym światem. Dla Moniki takim zdarzeniem była śmierć ojca. Odejście rodziców zazwyczaj wiąże się z pożegnaniem pewnego etapu życia. Nawet jeśli od lat jesteśmy dorośli, dopiero wtedy dociera do nas, że bezpowrotnie przestajemy być dziećmi.

W wyobrażeniu Moniki tata był kimś wiecznym. Odkąd pamięta, w każdej sytuacji mogła na niego liczyć. Miała poczucie, że tak będzie zawsze, a już z pewnością nie sądziła, że zmieni się to tak nagle. Nieprzygotowana na rozstanie czuła, że traci grunt pod nogami i nie wie, czego się złapać, żeby nie wpaść w przepaść. Dotarło do niej, że choćby nie wiem jak się postarała, nie może zmienić tego, co się stało.

To bolesne przeżycie pokazało Monice, że wszystko, na czym do tej pory opierała swoje życie, ma bardzo umowną wartość. Choć tak wiele osiągnęła, okazało się, że nie miała nic, co dałoby jej ukojenie. Bo do tej pory ukojenie zawsze znajdowała u ojca. Poczucie bliskości, wzruszenie, radość, spokój, bezpieczeństwo – wartość tego, co dał jej tata, wraz z jego odejściem wzrosła kilkukrotnie. Pojawił się także lęk, że na zawsze to traci.

Kryzys, który przeżywała Monika, był dla niej źródłem zupełnie nowych doświadczeń. Przewartościowała wiele rzeczy w swoim życiu. Nie wiedziała, co ma zrobić, ale czuła, że powinna coś zmienić. Chyba to właśnie było najcenniejsze – że „czuła", zamiast „mieć pewność".

PRAWDZIWI – JESTEŚMY JAK ŻYWA TKANKA

Można przez całe życie unikać kontaktu ze swoimi uczuciami. Zamknąć dostęp do tego, co mamy w środku. Da się tak funkcjonować, niektórym to nawet skutecznie wychodzi. Boli rzadziej, a jak boli, to krótko. Każdą rzecz da się przecież powierzchownie załatwić. Nowe wyzwania, nowi ludzie, nowe okoliczności są jak plaster na nasze rany. Jednak koszty, jakie ponosimy, żyjąc w taki sposób, są ogromne, nawet jeśli długo nie zdajemy sobie z nich sprawy. Trudno przecież nałożyć plaster na serce, zamrozić na zawsze swoje prawdziwe potrzeby. Monice się to nie udało. Kiedyś tak potrafiła, ale od czasu przełomowego zdarzenia, jakim była dla niej śmierć ojca, już nie. Choć próbowała jak dawniej uciekać w pracę, brać na siebie kolejne zadania i obowiązki, ulga nie przychodziła.

Uzyskiwanie większej świadomości siebie to proces nieodwracalny. Bez względu na to, jak długo trwa ta droga, nie da się z niej ot tak zawrócić. Zaczynamy się przyglądać nie tylko skutkom, ale też przyczynom tego, co nam się w życiu przydarza. Dociera do nas, że jest coś ważniejszego, niż „muszę to mieć" lub „jakoś to będzie".

Przestają nas zadowalać gadżety, którymi wypełniamy codzienność, by nadać jej pozorny sens. Nie wystarczają nam związki pozbawione głębi, oparte na pozorach lub wiecznej rywalizacji. Szukamy sensu, potrzebujemy wiedzieć, kim naprawdę jesteśmy, pragniemy prawdziwej bliskości.

Czasami przechodzenie przez kolejne etapy poznawania siebie, odkrywania własnych potrzeb wiąże się z tym, że tracimy grunt pod nogami. A dokładniej – to, co nam się wcześniej wydawało solidną podstawą, czyli wszystkie substytuty, którymi wypełnialiśmy pustkę. Okazuje się, że nie jesteśmy samowystarczalni.

Zanim nie poukładamy na nowo systemu wartości, jesteśmy delikatni jak żywa tkanka. Opadają maski, pod którymi się chowaliśmy, pokazując te kawałki nas, których istnienia sami nie podejrzewaliśmy.

Ten nagły przypływ nieuświadomionych wcześniej uczuć może obezwładnić. Jak tlen wpuszczony do pomieszczenia, w którym go wcześniej prawie nie było. Dopóki nie zaczniemy normalnie oddychać, przez jakiś czas mamy zawroty głowy.

Podobnie można popatrzeć na to, co się działo z Moniką, kiedy poznała Marcina.

Od kilku lat starała się przewartościować swoje życie. Zrobiła pierwszy krok, przestała szaleć w pogoni za życiem idealnym, zrezygnowała z wchodzenia w związki oparte na rywalizacji. Wycofała się z bogatego życia towarzyskiego, bo miała wrażenie, że wśród ludzi, którzy niewiele mają z nią wspólnego, czuje się obco. Można powiedzieć, że w pewien sposób zamknęła drzwi do starego świata, ale jeszcze nie znalazła tych, które prowadzą do nowego. Razem ze swoimi przemyśleniami, odarta z wielu złudzeń, utknęła w przedpokoju. W przypadku Moniki prawdziwy kryzys dopiero się zaczął. W efekcie trudnych doświadczeń związanych ze śmiercią ojca rozpoczęła proces ważnej zmiany. Na tym etapie była jeszcze nie do końca świadoma tego, co chce w życiu zmienić.

Być może gdyby nie to, że nadal korzystała z niektórych form uciekania, jakimi były praca od rana do nocy i dodatkowe wyzwania, udałoby jej się wcześniej dotrzeć do istoty tego, przez co przechodziła. Z każdym kolejnym miesiącem stawała się coraz bardziej skupiona na zadaniach i przeraźliwie samotna. Praca i liczne zajęcia nie wypełniały pustki, a jedynie ją przykrywały.

Kiedy przygotowywali z Marcinem projekt, spędzali ze sobą tak wiele czasu, że wytworzył się między nimi szczególny rodzaj relacji. Zaufanie, serdeczność, współpraca. Gdyby każde z nich miało satysfakcjonujące życie uczuciowe, być może nie zrobiliby kroku dalej. Prawdopodobnie skończyłoby się na koleżeńskiej znajomości. Ale zarówno Monika, jak i Marcin byli bardzo spragnieni bliskości.

FACET, KTÓRY TĘSKNIŁ ZA BLISKOŚCIĄ, MĄŻ, KTÓREGO NIE BYŁO W DOMU

Marcin nie okłamywał Moniki, a przynajmniej nie od początku. Nie należał do facetów, którzy zdradzali żony, a skoki w bok traktowali jak nieznaczące epizody. Od kilkunastu lat był z tą samą kobietą. Miał z nią dwoje dzieci, piękny dom i kredyt, za który ten dom kupili. On, indywidualista o silnym charakterze, ale miękkim sercu, ona – spontaniczna, energiczna dziewczyna z własnym zdaniem, które lubiła wyrażać. Przez pierwsze lata nie myśleli o tym, co będzie potem. W każdym razie Marcin się nad tym nie zastanawiał.

Poznali się na imprezie u znajomych i natychmiast znaleźli wspólny temat do rozmowy. Oboje pochodzili z tego samego, niewielkiego miasteczka i każde z nich chciało się z niego wyrwać. Jemu nie odpowiadała praca w biurze analiz lokalnego banku, jej – tkwienie w szkole, której dyrekcja miała poglądy sprzed dwóch dekad. Pasowali do siebie, przynajmniej tak im się wydawało. Nie godzili się na to, co jest, i zamierzali coś z tym zrobić. Ich ambicją i celem był wyjazd do Warszawy. Wzięli ślub kilka miesięcy po pierwszej randce i wynajęli mieszkanie w stolicy.

Marcin był dobrym analitykiem, więc prawie natychmiast dostał pracę. Jego żona Ola, pedagog szkolny, znalazła ją rok po przeprowadzce do stolicy. Planowali, że przez kilka lat popracują, a potem pomyślą o powiększeniu rodziny. Nie spieszyło im się z tym drugim, ale los chciał inaczej. Urodził się Jasiek. To, że był nieplanowanym dzieckiem, nie znaczyło, że nie cieszyli się na jego narodziny. Syn wniósł mnóstwo radości do ich życia, ale także skomplikował plany zawodowe. Oboje dopiero wystartowali w wielkim mieście i jeśli chcieli tu dłużej zostać, żadne nie mogło zrezygnować z pracy. Postanowili ściągnąć do siebie mamę Oli, żeby im pomogła. Marcin, godząc się na ten pomysł, nie przewidział, że początek ich życia z teściową będzie końcem najlepszego czasu z żoną. Wtedy było mu na rękę, że problem opieki nad Jasiem zostanie w prosty sposób rozwiązany.

Teściowa miała zostać tylko do czasu, aż Jaś pójdzie do przedszkola, a wyprowadziła się po sześciu latach. Stało się tak, bo w okolicy drugich urodzin starszego syna Ola ponownie zaszła w ciążę. Tym razem nie przypadkiem, ale po to, by ratować ich związek. Widząc, że Marcin coraz częściej ucieka w pracę, doszły z mamą do wniosku, że Ola powinna coś zrobić, żeby go w tym domu przytrzymać.

Choć pomysł był wspólny, do jego realizacji potrzebny był Marcin, a nie jego teściowa. Babcia została zatem z wnuczkiem, a małżeństwo udało się na romantyczny weekend we dwoje. Wyjazd miał zgodnie z planem zaowocować ciążą. Natura była jednak nieco oporna w dostosowaniu się do z góry ustalonych założeń, ale w końcu uległa. Wprawdzie nie podczas wyjazdu, ale po trzech miesiącach starań test ciążowy potwierdził sukces operacji. Marcin przyjął wieści z radością i faktycznie po przyjściu na świat Stasia starał się być częściej w domu. Nie trwało to jednak długo. Wynajęte mieszkanie, choć spore, z trudem mieściło trzy dorosłe osoby o silnych charakterach i dwójkę malutkich dzieci. Metraż nie był mały, ale przestrzeni do życia czasami brakowało. Wbrew pozorom nie obowiązki czy hałas związany z obecnością dzieci był najbardziej męczący, lecz dyskusje Oli z Marcinem inicjowane przez nią w obecności jej mamy. Ola, która już wcześniej miała tendencje do krytykowania męża, przy dwójce dzieci dopiero się rozwinęła. Zbudowały z mamą silną koalicję specjalizującą się w produkowaniu uwag kierowanych pod jego adresem:

„Ty zawsze musisz zrobić po swojemu" (Ola)
„Ależ on jest uparty, córciu" (mama)
„Nie mów mi, co mam robić" (Ola)
„Dlaczego on ci rozkazuje?" (mama)
„Wiecznie cię nie ma w domu" (Ola)
„Czemu on cię z tym wszystkim zostawia samą?" (mama)

Nie chciało mu się z nimi kłócić, bo to i tak nie przyniosłoby efektów. Odpuszczał tak długo, jak był w stanie. Skupił się na pracy, w której szło mu coraz lepiej. Podczas jednego ze szkoleń dostał propozycję nie do odrzucenia. Budowanie działu strategii i analiz w wielkiej, międzynarodowej firmie reklamowej. Ambitne i niełatwe zadanie pochłonęło go bez reszty. Miał możliwość zaistnienia nie tylko jako fachowiec, ale także jako skuteczny, wartościowy lider zespołu. Po kilku latach w pracy czuł się naprawdę doceniony i spełniony. Zupełnie inaczej niż w domu. Żona nadal narzekała, ale nieco mniej, bo pojawiły się przed nimi perspektywy na znacznie lepszą przyszłość. Marcin zaczął coraz więcej zarabiać. Ola od dawna marzyła o domku z ogródkiem, w którym zamieszkają wszyscy i w którym będą wreszcie szczęśliwi. No, może nie wszyscy, bo ona też pomału miała dosyć obecności mamy. Odliczała chwile do przeprowadzki. Czekali na przyznanie większego kredytu oraz moment, kiedy Jaś pójdzie do zerówki, a Staś do przedszkola. Wreszcie się udało.

Nowy dom, w którym, jak zakładała Ola, wszystko się zmieni na lepsze, nie poprawił sytuacji. Nieobecność Marcina, zajętego w pracy od rana do wieczora, duża odległość od centrum utrudniająca podtrzymywanie kontaktów ze znajomymi i widmo kilkunastu lat spłaty kredytu nie pozwalały jej cieszyć się tym, co ma. Stawała się coraz bardziej poirytowana i sfrustrowana. Nie miała się nawet komu wyżalić. Rozważała, czy ponownie nie ściągnąć do siebie mamy, ale wiedziała, że to tylko pogorszy atmosferę. Marcin nigdy wprost nie powiedział, że ma dosyć teściowej, ale Ola czuła, że jeśli znowu zamieszkają z mamą, on jeszcze bardziej się odsunie. Zawsze tak robił. Uciekał, kiedy pojawiały się trudności. Siłą musiała z niego wyciągać to, co myśli. Czasami miała tego naprawdę po dziurki w nosie.

Perspektywa jej męża była nieco inna. Uważał, że mówienie o tym, co myśli, niewiele zmieni.

„W życiu ważne jest to, co robimy, a od gadania tylko bolą uszy" – lubił powtarzać usłyszane dawno temu słowa. Tak był wychowany i bardzo sobie tę postawę cenił. To dzięki ojcu był naprawdę silnym facetem i potrafił sobie radzić z najtrudniejszymi sytuacjami. Umiał się powstrzymywać od wyrażania emocji, panować nad sobą, kiedy zbierały się w nim żal lub złość. Dzięki temu był nie tylko niezmiernie ceniony w pracy, ale też udawało mu się utrzymać ich niełatwy związek. Bywały chwile, kiedy czuł się bardzo samotny. Szczerze powiedziawszy, z biegiem lat zdarzało się tych chwil coraz więcej. Przychodziły mu do głowy myśli, żeby się gdzieś schować, zaszyć w bezpiecznym miejscu i odpocząć. Jak wtedy, kiedy jako mały chłopiec lądował w pokoju u kochanej babci i wtulony w koc zasypiał na fotelu przed telewizorem.

Tata wiele od niego wymagał, bo po śmierci mamy na jego głowie został cały dom. Dwunastoletni Marcin był najstarszym z trzech braci, musiał pomagać bliskim i być dzielny. Ojciec pracował od rana do nocy, żeby utrzymać ich czwórkę i jeszcze babcię, która mieszkała z nimi, bo od lat chorowała na serce. Robiła im obiady, przytulała i pozwalała na nicnierobienie, kiedy byli sami. Marcin miał wiele poważnych obowiązków. Sprawdzić braciom lekcje, przypilnować, żeby się nie pozabijali podczas zabawy, a potem zagonić ich do łóżek. Nie buntował się przeciwko temu, bo wiedział, że powinien wspierać tatę. Ale czasami nie miał na to siły. Babcia rozumiała go lepiej niż ktokolwiek na świecie. Choć sama była słaba i schorowana, robiła, co w jej mocy, żeby odciążyć kochanego wnuczka:

– Ja im poczytam, idź do mnie i sobie odpocznij. Tata będzie dopiero przed dziesiątą.

Kochał miękki fotel w babcinym pokoju. Stary, wielki, otulający mebel. Jak bezpieczny statek na pełnym morzu, w którym mógł się schronić przed całym światem. Tam rozmawiał z nieżyjącą mamą, snuł marzenia o tym, kim będzie w przyszłości. Rzadko oglądał telewizję, ale lubił, kiedy telewizor był przez cały czas włączony. Uspokajały go dochodzące z niego dźwięki i sprawiały, że mniej się bał być sam ze swoimi myślami. Często zasypiał bezwiednie oddalony od tego, co się dzieje dookoła. Budził go delikatny pocałunek w czoło. Babcia pochylona nad nim mówiła szeptem: „Pośpij troszkę, skarbie", i przykrywała kocem zwinięte w kłębek ciałko kochanego wnuczka.

Choć był dojrzałym facetem, czasem nadal tęsknił za tymi chwilami. Wiedział dobrze, że nie wrócą, i nie oczekiwał tego. Lubił jednak przynajmniej w wyobraźni poczuć miękkość wielkiego fotela i miłości swojej babci.

TRZY NIESZCZĘŚLIWE OSOBY

Marcin nigdy nie rozmawiał z żoną o tym, co czuje. Choć zarzucał jej, że go nie rozumie, sam nie zrobił nic, albo niewiele, żeby było inaczej. Tłumił swoje potrzeby i choć o tym nie mówił, czuł się ofiarą. Uważał, że jego postawa jest męska, wręcz bohaterska, bo cierpi po to, żeby utrzymać małżeństwo i zachować rodzinę. Nie brał pod uwagę tego, jak czuje się w tej sytuacji Ola. Nie próbował dociekać, co się chowa pod jej złością i frustracją. Sam pragnął uwagi, ale nie potrafił dać tej uwagi żonie. Unikał konfrontacji, bo groziła uzewnętrznieniem jego wątpliwości i obaw. Bał się usłyszeć, że jest źle.

A przecież **odcinanie się od problemów, udawanie, że nie istnieją, niczego nie załatwia. Przeciwnie – powoduje wzrost napięcia i frustrację**. Niezależnie od tego, jak wyglądało dzieciństwo Marcina, nikt poza nim samym nie uwolni go od wpływu tej przeszłości. Podobnie jak nikt poza nim samym nie może podjąć decyzji o tym, czy zostać ze swoją żoną, czy od niej odejść.

Rozwiązywanie problemów poza źródłem ich powstania zazwyczaj powoduje kolejne trudności.

Nie wiemy, czy Ola i Marcin jeszcze się kochają. Nie mamy pojęcia, czy ich małżeństwo ma jeszcze jakąkolwiek przyszłość. Widzimy zaledwie fragment ich historii opowiedziany przez Monikę i jednego z przyjaciół Marcina. Być może ktoś, kto zna lepiej Olę, miałby zupełnie inne spojrzenie na ten związek. Może ona, podobnie jak on, czuje się zagubiona i niekochana. Nie wiemy, czy oddala się od męża dlatego, że nie chce bliskości, czy dlatego, że nie wie, jak się do niego zbliżyć. Nie mamy pojęcia, czy jej złość wynika ze zmęczenia, bezradności, czy z tego, że ma dosyć. Każde z nich na swój sposób przeżywa to, co się od dłuższego czasu dzieje w ich małżeństwie. Jednak bez względu na to, jak w rzeczywistości wyglądają ich relacje i kto jest w większym stopniu odpowiedzialny za trwający od lat kryzys, sposób, w jaki

Marcin próbował sobie z nim poradzić, ma małe szanse pomóc komukolwiek.

Romans z Moniką tylko na chwilę dał mu to, czego tak bardzo pragnął. Przypomniał sobie, że jest mężczyzną, poczuł, jak to jest kochać i być kochanym. Ale już po kilku spotkaniach nie był pewien, czy to o miłość do Moniki chodzi, czy też o brak miłości żony. Sam się w tym pogubił. To, że było mu tak dobrze w ramionach wtulonej w niego kobiety, nie musiało oznaczać, że chce w nich pozostać na zawsze. Owszem, pociągała go bardzo, świetnie się czuł w jej towarzystwie, jednak nie miał pojęcia, kim ona tak naprawdę jest. Im więcej czasu mijało od ich pierwszego zbliżenia, tym bardziej tracił pewność, że chce się tego dowiedzieć. Na początku był otumaniony. Jedyne, czego pragnął, to mieć szansę, żeby to powtórzyć. Zapomniał, co to znaczy być blisko z kobietą, pieścić ją czule, widząc, jak wielką jej to sprawia przyjemność. Dotykać niespiesznie i być dotykanym, widzieć w oczach kochanki coś więcej niż tylko zadowolenie z dobrego seksu. Nie cieszył się jednak tym stanem upojenia długo. Zaczęły się pojawiać wątpliwości i wyrzuty sumienia. Nie chodziło o to, że Ola coś podejrzewała. Od dawna był prawie nieobecny w domu, przyzwyczaiła się do tego. Dlatego zresztą zorganizowanie spotkań z Moniką nie było specjalnie skomplikowane.

Problem w tym, że choć wcześniej wprawdzie odczuwał samotność, to jednocześnie uważał się za odpowiedzialnego, godnego zaufania mężczyznę. Dzielny facet, który nie myśli o sobie, tylko o całej rodzinie i bez względu na to, jak mu źle, dba o jej przyszłość. A kim jest teraz? Co można powiedzieć o gościu, który wymyka się z domu i zdradza żonę, ryzykując, że straci wszystko? To, że on straci, to jedno, ale ile osób przez niego ucierpi...

CHWILOWA ULGA NIE JEST ROZWIĄZANIEM

Co do potencjalnych zagrożeń – Marcin się nie mylił. Przez romans z Moniką ryzykował bezpieczeństwo swojej rodziny. Jednak samo to, że zdecyduje się na zakończenie „niebezpiecznego związku", niewiele załatwi. Jeśli nadal będzie uciekał od konfrontacji z tym, co dzieje się w jego małżeństwie, o odzyskaniu spokoju nie ma mowy. Nie mówiąc już o tym, że do ewentualnego odbudowania relacji potrzebne jest dużo więcej niż spokój. Na tym etapie trudno w ogóle powiedzieć, czy Marcin naprawdę chce wrócić do żony.

Nie wiemy też, czego chce Ola. Czy nadal go kocha i widzi ich wspólną przyszłość. Zdrada Marcina była przekroczeniem ważnej granicy, jednak źle się między nimi działo długo wcześniej. Jeśli poza lękiem przed utratą rodziny Marcin nie odnajdzie powodów, dla których chce być z Olą, ich związek będzie w najlepszym wypadku taki jak przed romansem z Moniką.

Nie wolno zapominać także o tym, że nadużył zaufania żony, i niezależnie od tego, czy zdecyduje się jej o tym powiedzieć, czy nie, to zdarzenie pozostanie faktem. Będzie musiał znaleźć sposób na poradzenie sobie z jego konsekwencjami. Nie da się cofnąć czasu, bezrefleksyjnie uśpić wyrzutów sumienia, uznać, że nic takiego się nie stało. Jeśli zbagatelizuje znaczenie swojego romansu z Moniką, być może za jakiś czas znowu ucieknie, żeby choć przez chwilę dostać to, czego braku nie chce sobie uświadomić. Czy można mówić, że tak jest lepiej, niż rozbijać dom, i krzywdzić tyle osób? Dla kogo lepiej? Bo z pewnością nie dla jego żony Oli.

Słowo „lepiej" w ogóle tu nie pasuje, jednak z pewnością trwanie w związku bez bliskości też jest krzywdą. Podobnie jak iluzja bliskości, którą karmi się Monika. Choć dociera do niej, że znalazła się w sytuacji, która jest daleka od jej początkowych wyobrażeń, nie potrafi się z niej uwolnić. Dużo ją kosztowało odsłonięcie się przed Marcinem, po raz pierwszy pozwoliła sobie na słabość w relacji z mężczyzną. Ma wrażenie, że kiedy zdecyduje się odejść, już nigdy nie będzie szczęśliwa. Nie zdobędzie się więcej na to, żeby komuś zaufać, w obawie, że ponownie zostanie boleśnie zraniona.

Każdy, kto choć raz mocno kochał, wie, co to znaczy odczuwać lęk przed utratą tej miłości. Jak wiele jesteśmy w stanie zapłacić, żeby się uspokoić, uwierzyć, że jest dobrze. Czasami potrafimy się zupełnie zatracić w podtrzymywaniu złudzeń, które pozwalają nam myśleć, że jesteśmy kochani. Trzeba jednak pamiętać, że w dobrej relacji niczego nie trzeba podtrzymywać na siłę. Troszczenie się o związek i dbanie o siebie wzajemnie przynosi lepsze efekty.

W miłości zawsze jest ryzyko, że zostaniemy zranieni, ale strach przed tym nie zmniejsza tego ryzyka ani trochę. Kiedy ktoś odchodzi lub nadużywa naszego zaufania, nie tracimy na stałe zdolności kochania.

SAMOTNI BARDZIEJ, NIŻ DA SIĘ WYTRZYMAĆ

Decyzja o rozstaniu rzadko jest łatwa. Nie mówię o krótkotrwałych związkach, chwilowych porywach serca ani też o próbach układania sobie życia co rusz z innym partnerem.

Mam na myśli rozstania poprzedzone sporym kawałkiem wspólnego życia, w które „zainwestowaliśmy" wiele i przez lata wierzyliśmy, że to nasza najcenniejsza inwestycja. Świadomość, że kończy się coś ważnego i być może nie da się tego procesu zatrzymać, jest przytłaczająca. Podajemy w wątpliwość nie tylko sens związku, ale też wszystkiego, co do tej pory robiliśmy. Kiedy rozstanie ma spektakularną przyczynę (jak na przykład wyjazd na drugi koniec świata), jest wynikiem ewidentnego przekroczenia granic (jak przemoc) lub skutkiem nagłej utraty zaufania (jak zdrada) – choć boli bardzo, łatwiej jest przyjąć do wiadomości, że to koniec. Czasami jednak to, co łączyło dwoje ludzi, zanika tak pomału, że moment, w którym zupełnie przestaje istnieć, jest prawie niezauważalny.

Niełatwo jest zobaczyć tę pustkę i zmierzyć się z jej konsekwencjami. Jeszcze trudniej jest wówczas, kiedy samotność od dłuższego czasu odczuwa jedno z partnerów, a drugie zdaje się tego nie zauważać. Jeśli podejmowane próby ratowania związku nie przynoszą efektów i przepadają kolejne szanse na odbudowanie bliskości, dociera do nas, że podjęcie decyzji jest nieuchronne. Czy zostać, rezygnując z siebie i własnych potrzeb, czy odejść, zamykając drzwi, których prawdopodobnie już nigdy nie będzie się dało otworzyć? Dokładnie w takiej sytuacji znalazła się Pola, którą przedstawiłam wam na samym początku. Wróćmy do jej historii, żeby zobaczyć, co dokładnie się z nią działo.

POLA, KTÓRA BYŁA ZBYT SŁABA, ŻEBY ODEJŚĆ, I ZBYT SILNA, ŻEBY ZOSTAĆ

Pamiętam Polę jeszcze z czasów, gdy była młodą dziewczyną, z głową pełną marzeń i planów na przyszłość. Studiowałyśmy razem, lubiłyśmy spędzać wspólnie czas, potrafiłyśmy rozmawiać godzinami. Choć było to dawno temu, wspominam ten okres z ciepłem w sercu i uśmiechem na twarzy. Pola zawsze była charyzmatyczną osobą, zarażała entuzjazmem. Potrafiła z takim zapałem i tak barwnie opowiadać o swoich pomysłach, że ich realizacja wydawała się jedynie kwestią czasu. Wiadomo było, że jeśli czegoś chce, to prędzej czy później to osiągnie. Zaraz po studiach zaczęła pracę jako reporterka w redakcji lokalnej gazety i bardzo dobrze się w tej roli odnalazła. Pisała na fascynujące tematy, poznawała interesujących ludzi, odwiedzała fajne miejsca. Otwarta na nowe wyzwania, pracowita i energiczna szybko zdobyła pozycję cenionej pani redaktor. Równie szybko przeprowadziła się do Warszawy, bo w jej zawodzie miała tu znacznie większe możliwości rozwoju. Nie musiała się martwić o robotę, bo jeszcze zanim tutaj przyjechała, kilka redakcji proponowało jej współpracę.

Pola nie wyobrażała sobie życia bez pracy, którą wykonywała z pasją. A jednocześnie nie zatracała się w karierze. Odkąd pamiętam, jej pragnieniem było założenie rodziny. Lubiła mówić o sobie: „Jestem zwierzęciem stadnym i nie nadaję się do życia w pojedynkę". Nie od razu udało jej się ułożyć sobie życie. Zanim do tego doszło, przeżyła kilka miłosnych rozczarowań, w tym jedno nieudane, trwające zaledwie rok małżeństwo. Być może przyczyną było to, że za bardzo jej na stworzeniu rodziny zależało i zbyt szybko się angażowała, a może po prostu nie miała szczęścia. Tego nie wiem. Grunt, że po kilku nieudanych próbach, niedługo po trzydziestce ponownie wyszła za mąż i wyglądało na to, że tym razem znalazła to, czego szukała.

Nie widywałyśmy się zbyt często przez ostatnich kilkanaście lat, każda z nas ma swój świat, własne życie. Często jednak zdarzało nam się rozmawiać przez telefon i nigdy nie były to krótkie rozmowy. Wiedziałam, że dobrze jej się wiedzie, słyszałam o jej licznych sukcesach zawodowych, ale przede wszystkim gadałyśmy o naszych prywatnych sprawach. Przez długi czas miałam wrażenie, że jest naprawdę szczęśliwa. Opowiadała o tym, jak wiele radości sprawia jej macierzyństwo, jak bardzo cieszy ją, że Piotr jest takim dobrym ojcem dla Antka. Wymieniałyśmy się informacjami na temat miejsc, do których warto pojechać na wakacje, tytułami książek, które koniecznie trzeba przeczytać, i pomysłami na diety odchudzające.

Nasze kontakty zawsze były entuzjastyczne, pełne szczerej serdeczności i ciepła. Pola potrafiła nawet najtrudniejsze tematy omawiać tak, że natychmiast robiło się jakoś jaśniej. Zarażała

Kiedy rozstanie ma
spektakularną przyczynę
(jak na przykład wyjazd na drugi
koniec świata), jest wynikiem
ewidentnego przekroczenia granic
(jak przemoc) lub skutkiem nagłej
utraty zaufania (jak zdrada)
– choć boli bardzo, łatwiej jest
przyjąć do wiadomości,
że to koniec. Czasami jednak to,
co łączyło dwoje ludzi, zanika tak
pomału, że moment, w którym
zupełnie przestaje istnieć,
jest prawie niezauważalny.

optymizmem i wiarą w to, że będzie dobrze. Miała ogromne zasoby pozytywnej energii i chętnie się nimi dzieliła.

Dlatego kiedy zobaczyłam ją rok temu, po raz pierwszy od dłuższego czasu, natychmiast zrozumiałam, że dzieje się coś złego. Jej stan, choć bardzo się starała, żeby wyglądało inaczej, jednoznacznie wskazywał, że ma poważne kłopoty. Zaproponowałam, żeby przyjechała do mnie na babski wieczór, gdzie będziemy mogły dłużej pogadać. Wtedy odmówiła, ale po kilku miesiącach sama zadzwoniła z pytaniem, czy może wpaść.

SPOTKANIE PO LATACH

Przypomnę wam jej historię od chwili, którą opisałam na początku książki.

Patrzyłam na Polę i choć wydawałoby się, że miałam przed sobą tę samą, pewną siebie, radosną i energiczną kobietę, jej oczy mówiły coś zupełnie innego. Smutek był tak przytłaczający, że nie sposób go było nie dostrzec.

– I tak z tym nic nie zrobię. Nie mogę, nie jestem w stanie, nie teraz. Nauczyłam się doskonale sobie z tym radzić. Mam w życiu wiele rzeczy, za które powinnam być wdzięczna…

– przerwała na chwilę, a ja miałam wrażenie, że łyka łzy schowane tak głęboko, że nie miały najmniejszych szans wypłynąć na zewnątrz. – Poza tym mam tyle spraw na głowie, obowiązków, które wymagają czasu i energii. Nie mogę teraz wziąć jeszcze tego na klatę. No i Antek. Nie chcę mu tego robić, dopóki nie będę pewna, że sobie z tym poradzi.

– A kiedy będziesz miała tę pewność? – wtrąciłam z nadzieją, że tym pytaniem dotknę czegoś więcej niż tylko tematu jej kilkunastoletniego syna.

Milczenie trwało kilka dobrych minut i już zaczynałam się zastanawiać, czy nie podjąć próby skonfrontowania Poli z tym, co się w niej kłębi. Jednak po chwili zrezygnowałam, bo przypomniałam sobie, że jestem obok, żeby jej wysłuchać, a nie ją terapeutyzować. To moja przyjaciółka, nie klientka. Po kolejnych paru minutach Pola ponownie zaczęła mówić.

– Nie masz pojęcia, jak bardzo chciałabym zasnąć tak na dłużej i obudzić się dopiero wtedy, kiedy to minie, albo… Boże, co ja gadam, przecież nie mogę być taką egoistką. Młody nie byłby w stanie tego dźwignąć. Nie ma wyjścia, muszę wytrzymać.

Tym razem emocje wyprzedziły głowę, łzy kompletnie zignorowały system kontroli i uwolnione popłynęły po policzkach. Nie tylko mówienie, ale nawet oddychanie zdawało się ją w tamtej chwili przerastać. Patrzyłam na jej kruchość, na delikatność przygniecioną ogromnym ciężarem poczucia winy, nadodpowiedzialności i smutku. Bolało od samego patrzenia.

Pola siedziała z podkurczonymi nogami na kanapie, w jednej ręce trzymała kubek z kawą, a drugą bezwiednie wydłubywała nitki z tapicerki. Wiedziałam, że w tym momencie była gdzieś daleko, że podróżowała w głąb siebie i muszę chwilę poczekać, zanim będzie gotowa wrócić i mówić dalej.

Nigdzie się nie śpieszyłyśmy, ten wieczór, ta noc były nasze. Bardzo chciałam być blisko Poli, wiedziałam też, że ona tego chce i potrzebuje.

Dzisiaj minęły dwa miesiące od tamtego spotkania. Do tego, jak się teraz czuje Pola, wkrótce wrócę, ale zanim to zrobię, podzielę się z wami jej opowieścią. Uznałyśmy obie, że ta historia może mieć znaczenie dla tych z was, które podobnie jak jeszcze chwilę temu ona stoją pod murem i nie mają siły się ruszyć.

PRZECIWIEŃSTWA, KTÓRE SIĘ PRZYCIĄGAJĄ

Pola i Piotr nigdy nie byli tzw. bratnimi duszami. Raczej przeciwieństwami, które się przyciągają. Dwie silne osobowości, o zupełnie odmiennych temperamentach, ale wspólnych (przynajmniej na początku) potrzebach. Ona, dojrzała jak na swój wiek trzydziestodwulatka, on, mężczyzna o dwanaście lat starszy, ale energiczny i młody duchem. Oboje po przejściach, zafascynowani swoją innością, pragnący wreszcie stworzyć udaną rodzinę.

Choć od pierwszych miesięcy ich wspólnego życia rozmowy nie należały do najprzyjemniejszych – bo spieranie się wychodziło im znacznie lepiej niż słuchanie siebie wzajemnie – nie zniechęcali się tym. Determinacja, żeby im wyszło, była zarówno dla Poli, jak i jej męża Piotra kluczowa. Poza tym była chemia, więc nawet jeśli podczas kolejnej niekończącej się dyskusji zdarzało im się wzajemnie dotkliwie poranić, udawało im sie bez słów wygoić te rany w łóżku. Po kilku miesiącach znajomości okazało się, że w drodze na świat jest owoc ich miłości – Antek. Dziecko od pierwszych dni ciąży wyczekiwane z wielką radością.

HAPPY FAMILY

Misja „rodzina" zdominowała misję „małżeństwo". Kolejne lata płynęły raz z prądem, raz pod prąd utkane z tysięcy bieżących spraw, mniejszych i większych problemów. Radzili sobie z nimi, jak umieli, czyli jak zdecydowana większość rodzin – znacznie częściej zamiatając pod dywan pojawiające się trudności, niż o nich rozmawiając. Zwłaszcza że rozmawiać ze sobą nie potrafili od zawsze. Piotra irytowało, że Pola ma potrzebę dzielenia włosa na czworo i omawiania wszystkiego w nieskończoność, ją do szału doprowadzał natomiast jego zwyczaj kończenia dyskusji w pół słowa i wychodzenia z pokoju. Każde z nich czuło się coraz bardziej nierozumiane i pomału traciło nadzieję na poprawę sytuacji. Niezmiennie jednak wierzyli w to, że przyjdą lepsze czasy. Każde po swojemu widziało tę przyszłość. Marzeniem Poli było być wysłuchaną do końca i z uwagą, Piotr pragnął spokoju i szacunku do tego, co mówił, a z czym nieustająco dyskutowała Pola. Jednego potrzebowali w takim samym stopniu oboje – akceptacji i poczucia, że są rozumiani, kochani.

Tak długo, jak każde z nich poza rodzicielskimi oraz domowymi obowiązkami miało ciekawą, angażującą pracę, czyli miejsce, gdzie mogło się realizować pełniej niż w małżeństwie, udawało się trwać w poczuciu, że wszystko jest pod kontrolą. Łączyły ich pełne adrenaliny rozmowy o zawodowych planach na przyszłość, pasjach i wyznaczaniu sobie kolejnych ambitnych celów.

PIERWSZY KRYZYS, KTÓRY MÓGŁ SIĘ STAĆ SZANSĄ

Po pięciu latach sytuacja znacząco się zmieniła. Wspólnik Piotra po zawarciu kilku nieudanych kontraktów i zadłużeniu firmy na ogromną kwotę wycofał się z interesu, zostawiając po sobie bałagan i długi. Prawie rok ciężkiej pracy zajęło Piotrowi wyprowadzanie spółki z kryzysu. Udało się spłacić wierzycieli, uporządkować dokumenty, ale na budowanie wszystkiego od początku zabrakło już sił. A właściwie wiary w to, że mając prawie pięćdziesiąt lat, można zaczynać od nowa.

Nie wystarczył niepoprawny optymizm Poli i liczne próby podnoszenia na duchu męża. Zwłaszcza że większość tych prób on odbierał jako kolejny dowód na brak wiary w niego jako mężczyznę. Jednocześnie słowa żony rodziły w nim przekonanie, że to, co najważniejsze, ma już za sobą. W końcu kim on jest, żeby kobieta mówiła mu, co ma robić?! Jest odpowiedzialnym facetem, chyba całym swoim życiem zapracował sobie na odrobinę szacunku, nie musi nic nikomu udowadniać. Nie będzie się płaszczył przed idiotami z agencji rekrutacyjnych, dla których jego wiek jest wystarczającym powodem, by zachowywać się litościwie lub protekcjonalnie. Zresztą próbował – przyjął posadę dyrektora w niewielkiej firmie rodzinnej, ale nie dało się tam wytrzymać dłużej niż pół roku. Sama Pola przyznała przecież, że to nie jest praca dla niego… Więc niech przestanie mu ciosać kołki na głowie i mówić o tym, co jeszcze można zrobić, tylko przyjmie do wiadomości, że pewien etap ich życia się skończył. Muszą zdecydowanie zmniejszyć wydatki i pogodzić się z tym, że będzie coraz gorzej.

Z perspektywy Poli sprawy wyglądały zupełnie inaczej. Kilkuletnie dziecko, masa planów na przyszłość, coraz lepiej rozwijająca się kariera... Mówienie o kończeniu jakiegoś etapu, rezygnacji z tego, po co dopiero zaczynała sięgać, sprawiało, że traciła grunt pod nogami. Wiedziała, że nie może tak myśleć, bo utrata przez nią pracy mogłaby kompletnie przybić ich rodzinę. Przede wszystkim jednak nie chciała temu pesymizmowi ulegać. Wierzyła, że mają wspólnie wiele do zrobienia, że nawet jeśli Piotr nie znajdzie zawodowego pomysłu na siebie, dadzą radę. On mógłby zadbać o dom, zająć się organizacją życia rodzinnego, a czasami pomóc jej w przygotowaniu tekstów. Ma przecież ogromną wiedzę, doświadczenie w biznesie, a Pola często pisze na tematy gospodarcze. Będzie dobrze, tylko muszą w to wierzyć… oboje.

Rzeczywistość pokazała, że to trudniejsze, niż którekolwiek z nich mogło przypuszczać. Rozmowy ich obojga były coraz bardziej przykre i nie kończyły się już we wspólnej sypialni. Odsuwali się od siebie poranieni, pełni żalu i niezrozumienia. Każde izolowało się na swój sposób. Piotr spędzał długie godziny zamknięty w swoim pokoju, Pola uciekała w pracę, brała na siebie coraz więcej obowiązków. Kredyt na mieszkanie, który spłacali, nie chciał maleć tak, jak malały ich oszczędności. Rozmowy na temat finansów odsuwały ich od siebie jeszcze bardziej. On powtarzał coraz dobitniej, że są na skraju przepaści i wkrótce w nią spadną, jeśli nie zaczną oszczędzać. Ona wyrzucała mu, że zamiast pomyśleć o rozwiązaniach lub ją wesprzeć, podcina jej skrzydła. Każde z nich czuło się niezrozumiane, krytykowane i ranione coraz bardziej.

Kiedy dopadały ją złe myśli, próbowała sobie tłumaczyć, że przez to przejdzie, że w końcu wszystko jakoś się ułoży. Szukała też dobrych stron w całej sytuacji. Piotr był wspaniałym ojcem i teraz, kiedy nie miał stałej pracy, mógł znacznie więcej czasu spędzać z Antkiem.

NADZIEJA, KTÓRA PRZYCHODZIŁA FALAMI

Kiedy po dwóch najtrudniejszych latach Piotr zdecydował się zająć nowym biznesem, Pola miała nadzieję, że najgorsze za nimi. Na chwilę wróciły ich dawne rozmowy o planach, pomysłach i przyszłości. Choć mieli zupełnie różne podejście do pracy, była ona dla nich ważnym elementem życia. Jedna z nielicznych płaszczyzn, na których udawało im się rozmawiać bez dużego napięcia, wspólnie omawiać pomysły i wizje. Dla Poli najważniejsza była wiara w to, że się uda, i determinacja w osiąganiu celów, Piotr był mistrzem świata w odważnych, wizjonerskich pomysłach i opracowywaniu planów ich realizacji.

Tak długo jak nie zaczynali robić czegoś razem, różnice między nimi działały wzmacniająco. Ale tylko na etapie planowania. Bo etap przystąpienia do działania kończył się zawsze tym samym – ona doprowadzała go do szału swoją spontanicznością i entuzjazmem, on przytłaczał ją pragmatycznym podejściem i narzekaniem na pojawiające się trudności. Po chwilowej nadziei na poprawę sytuacji w ich małżeństwie zrobiło się jeszcze gorzej. Interesy Piotra nie szły tak dobrze, jak zakładał, więc przygnębienie wróciło ze zdwojoną siłą. Obiektywnie rzecz biorąc, radził sobie całkiem nieźle, jednak w porównaniu z jego pozycją kilka lat wcześniej, przed pechowym upadkiem poprzedniej firmy, nie było za dobrze. Przynajmniej tak to widział on.

Coraz gorsze samopoczucie, wycofywanie się z kontaktów z ludźmi, zamykanie się w sobie, mogły świadczyć o tym, że

Piotr popada w depresję. Jednak o skorzystaniu z fachowej pomocy nie chciał słyszeć. Twierdził, że wszystko jest w porządku, tylko jej ciągle coś nie pasuje. Pracował tyle, ile musiał, i bardzo cierpiał z tego powodu. A kiedy wracał z pracy do domu, uciekał do swojego pokoju i godzinami grał w pasjansa albo oglądał telewizję.

Pola nie mogła się pogodzić z tym, że nie jest w stanie uratować Piotra. Nie była gotowa odpuścić. Ze względu na siebie, ale także na Antka. Nie mogła znieść myśli, że ich radosny chłopiec, który właśnie rozpoczął szkołę, dostrzeże ich problemy i straci poczucie bezpieczeństwa. Żyła w przekonaniu, że niezależnie od tego, jak źle się działo między nią a Piotrem, przy dziecku udawało im się zachować pozory normalności.

Przez kolejne pięć lat podejmowała próby uratowania ich małżeństwa. W jej odczuciu robiła wszystko, co miało szanse pomóc. Terapię małżeńską zaczynali dwukrotnie, ale za każdym razem Piotr po kilku spotkaniach rezygnował. Nie widział powodu do jej kontynuowania, skoro jemu to nie było potrzebne. To Pola czuła się w związku nieszczęśliwa. Przyjęła to do wiadomości i przez kolejne pół roku pracowała sama ze swoją terapeutką. Znowu pojawił się cień nadziei. Dowiedziała się, że jej reakcje mogą być trudne do zaakceptowania dla mężczyzny, że nie potrafi go wzmacniać, bo to, co robi, mimo najlepszych intencji dla niego jest sygnałem, że w niego nie wierzy. Nauczyła się, jak chwalić partnera, jak okazywać uczucia, a przede wszystkim akceptować go takim, jaki jest. Zrozumiała, że wiele oczekiwań, jakie miała w stosunku do Piotra, wiązało się z jej lękami i przekonaniami, że znacznie łatwiej samej nad tym popracować, niż obarczać tym ukochanego mężczyznę.

CZY SPOKÓJ WYSTARCZY, ŻEBY PRZETRWAĆ?

Znowu poczuła poprawę.

Wprawdzie niewiele się zmieniło w zachowaniu Piotra, ale ona zmieniła się bardzo. Efekty tej zmiany były na tyle znaczące, że choć bliskość pomiędzy Polą a Piotrem nie powróciła, życie w ich domu przestało przypominać pole minowe. To miało dla niej ogromne znaczenie. Antek stawał się coraz większym chłopcem i ukrywanie przed nim prowadzonych podniesionym tonem rozmów było naprawdę trudne. Nastąpił czas względnej ciszy.

Dzięki terapii Pola bardzo się zmieniła. Zrezygnowała z masy nierealistycznych, często także niewypowiedzianych próśb i oczekiwań pod adresem Piotra. Zaczęła korzystać z życia w znacznie pełniejszy sposób. Odciążyła swoje małżeństwo z obowiązku czynienia ją szczęśliwą, odnalazła powody do radości w nowych zainteresowaniach i zajęciach. Praca nad sobą pomogła jej przede wszystkim w zbudowaniu poczucia własnej wartości. Dowiedziała się, że robienie rzeczy, na które nie miała ochoty i o które nikt jej nie prosił, nie ma sensu. Zrozumiała, że w ten sposób wzbudzała w sobie poczucie krzywdy i złościła się coraz bardziej na Piotra. Okazało się, że kiedy robi mniej, ma więcej czasu dla siebie, a w domu nikt z tego powodu nie cierpi. Przeciwnie, zarówno mąż, jak i syn świetnie sobie radzą bez jej nadgorliwej troski. Przestała zatem pakować rzeczy męża przed każdym wspólnym wyjazdem, robić chłopakom kolację zaraz po przyjściu z pracy, choć sama nie zjadła nawet obiadu, i odnosić po nich naczynia do zmywarki. Przestała też nieustająco narzekać i czepiać się o drobiazgi. Wszystkim to wyszło na dobre. Piotr i Antek dużo chętniej angażowali się w obowiązki. Udało im się ustalić, za co każde z nich odpowiada w domu.

Dotarło do niej także, że rozmowy o finansach są w ich związku trudne z zupełnie innego powodu, niż sądziła. Choć byli małżeństwem od wielu lat, każde z nich nadal samo zarządzało swoim budżetem. Brak zaufania w tych sprawach odbijał się nieustająco na ich relacjach. Ona była pewna, że Piotr uważa ją za samolubną i rozrzutną osobę, zamiast docenić to, co robi. Dlatego na argumenty dotyczące tego, że żyją ponad stan, reagowała złością. On prawdopodobnie czuł się coraz mniej pewnie jako głowa rodziny, skoro jego zarobki zmalały. Proszenie żony o pieniądze kłóciło się z jego wyobrażeniem o męskości. Nie potrafił się do tego przyznać nawet przed sobą, więc komunikował swoje obawy jako zarzuty do wydawania przez nią pieniędzy. Ustalili, że stworzą wspólne konto, na które będą co miesiąc przelewać konkretną sumę. To rozwiązało problem finansów.

Wszystkie te zmiany na tyle poprawiły sytuację, że Pola miała powody wierzyć, że będzie coraz lepiej. Mniej zmęczona, mniej sfrustrowana czuła wyraźny przypływ energii i nadzieję na lepszą przyszłość. Dom stał się w miarę spokojnym, miłym miejscem, w którym żyło małżeństwo z dzieckiem. Przez jakiś czas wydawało jej się, że to wystarczy.

Niestety, nowa organizacja życia i nowy podział obowiązków w domu oraz praca nad sobą Poli nie wystarczyły do odbudowania bliskości między nią a jej mężem. Wprawdzie już się ze sobą nie kłócili, ale innych rzeczy też nie robili razem. Nadal nie potrafili ze sobą rozmawiać, bo po kilku minutach robiło się nieprzyjemnie. Pola miała potrzebę omawiania spraw, Piotr oczekiwał sprawozdania w formie konkretów. Im bardziej ona starała się wytłumaczyć, o co jej chodzi, tym bardziej on się irytował, że nic z tego nie rozumie. Słuchanie się wzajemnie nie wychodziło im wcale, więc prawie zupełnie przestali rozmawiać.

Jeszcze gorzej wyglądały sprawy łóżkowe. Od lat się nie przytulali. Wcześniejsze kłótnie nie sprzyjały intymności, więc do sypialni chodzili głównie po to, żeby się wyspać. A każde z nich zasypiało o innej porze. Ponieważ Piotrowi przeszkadzało, że Pola lubi długo poczytać, na jakiś czas urządziła sobie drugą sypialnię. Trochę dlatego, żeby mieć spokój i kłaść się do łóżka, kiedy chce, a trochę po to, żeby jej mąż za nią zatęsknił. Pierwsze udało jej się osiągnąć, drugie – wręcz przeciwnie. Czasowe rozwiązanie stało się rozwiązaniem na stałe.

Początkowo taki stan rzeczy Poli nie przeszkadzał. Miała nadzieję, że jak się między nimi zacznie poprawiać, pomału wróci też ochota na seks. Jednak mijały miesiące i nic na to nie wskazywało. Czasami któreś z nich od niechcenia poruszało ten temat, jednak do odbudowania intymności zdawkowe: „Długo będziesz siedzieć przed telewizorem?" albo „Mam się kąpać, będzie coś czy nie?", to za mało.

BOLESNY PRZEBŁYSK ŚWIADOMOŚCI

Dopiero po roku spania oddzielnie Pola zdała sobie sprawę z tego, jak bardzo jest jej źle w związku. Nie tylko z powodu braku seksu. Przede wszystkim dlatego, że uświadomiła sobie, że nie wie, czy byłaby w stanie kochać się z Piotrem. Nie potrafiła już patrzeć na niego jak na mężczyznę. Jak na jej mężczyznę. Nie umiała do końca określić swoich uczuć. Wiedziała jedynie, że nadal nie jest jej obojętny. „To chyba oczywiste – myślała. – Przecież tak długo jesteśmy razem". Tylko czy faktycznie można to nazwać byciem razem?

Nie od razu docierało do niej, jak bardzo jest samotna. Zagłuszała tę samotność analizowaniem ich związku na dziesiątki sposobów. Chciała zrozumieć, znaleźć cokolwiek, co byłoby wskazówką, jak powinna postąpić. Myśli o sobie, o własnych potrzebach i uczuciach takich jak smutek, samotność, rozczarowanie zbyt mocno ją przytłaczały. Coraz trudniej było je powstrzymać. W dzień jakoś dawała sobie radę. Uciekanie od siebie jest łatwiejsze, kiedy ma się na głowie mnóstwo spraw do załatwienia. Najgorsze były wieczory i noce. Zasypiała smutna, otoczona mnóstwem poduszek, które poznosiła do swojego łóżka. Otulała się nimi instynktownie, jak zwierzątko spragnione dotyku, które mości sobie legowisko, zanim ułoży się do snu. Kilka razy w nocy budził ją jej własny oddech. Urywany i ciężki, jakby na jej klatce piersiowej ktoś położył głaz. Wystraszona otwierała oczy i przez chwilę nie mogła sobie przypomnieć, gdzie jest. Dopiero kiedy z ciemności wyłaniały się kontury sypialni, uspokajała się i po chwili znowu zasypiała. Budziła się zmęczona, niezależnie od tego, ile godzin snu miała za sobą. Kolejny dzień przypominał jej, że musi wstać i iść dalej. Tylko że Pola nie miała na to ochoty. Kompletnie nie wiedziała, co ma zrobić ze swoim życiem.

Coraz dobitniej docierało do niej, że to, co jej się wydawało pracą nad ich małżeństwem, w rzeczywistości było jedynie uspokojeniem sytuacji w ich domu. Nie rozwiązywali istoty problemu, tylko minimalizowali jego skutki. Każde z nich znalazło sposób, żeby przetrwać, ale nie odnaleźli drogi do siebie. Pola była przekonana, że Piotr nawet nie zaczął tej drogi szukać, że przyzwyczaił się do takiego życia, pogodził z tym, jak jest. Od czasu kiedy prawie dziesięć lat temu przeżył poważny kryzys zawodowy, odsuwał się od niej coraz bardziej. Długo wierzyła w to, że jest w stanie go odzyskać, ponownie obudzić w nim radość życia. Świadomość, że sama tego zadania nie wykona, była bolesna. Wiedziała już bowiem, że on nie chce albo nie jest w stanie zrobić nic więcej. Piotr niezmiennie twierdził, że to Pola ma problem.

MARTWY PUNKT

Kiedy dociera do nas, że nie mamy wpływu na coś, co nas dotyczy, trudno się z tym pogodzić. **Wydawałoby się przecież, że skoro każdy jest odpowiedzialny za swoje życie, może z nim zrobić, co zechce. Owszem. Tyle że jeśli mówimy o związku dwojga ludzi, nasz wpływ na to, co się w nim dzieje, jest ograniczony decyzjami drugiego człowieka.**

Pola przez ostatnich kilka lat robiła wiele, żeby uratować swoje małżeństwo. Można by się zastanawiać, czy faktycznie potrzebowało ratunku, skoro Piotr uważał, że jest dobre. Prawdopodobnie każde z nich na swój sposób miało rację, a już z pewnością każde miało prawo, żeby inaczej widzieć ten związek. Jeśli jednak chcieli tworzyć go razem, fakt, że tylko jednemu z nich jest dobrze, nie wystarczał.

To, że Piotr nie uczestniczył w terapii, nie znaczy, że próby podejmowane przez żonę nie miały sensu. Przeciwnie, praca nad sobą przyniosła wiele korzyści. W znacznym stopniu

Pola odpuściła podszytą lękiem manię kontrolowania wszystkiego. Przestała kosztem swoich granic zabiegać o akceptację bliskich, nauczyła się szanować odmienność partnera. Jednak **otwartość na indywidualność drugiego człowieka nie może oznaczać rezygnacji z własnych potrzeb.** W tej kwestii Piotr i Pola się nie dogadali. A dokładnie – ich wzajemne oczekiwania względem związku były nie do pogodzenia. Ona nie była w stanie zaakceptować Piotra takiego, jaki jest, a on nie miał ochoty się zmieniać.

Moglibyśmy analizować, które z nich miało rację albo czy brak intymności w ich związku nie oznaczał, że Piotr powinien chcieć nad tym pracować. W idealnym świecie, w komediach romantycznych lub powieściach o miłości – być może. W prawdziwym życiu takie podejście niewiele wnosi. Każdy ma prawo chcieć od związku tyle, ile mu potrzeba, i zadawalać się tym, czym chce. Jeśli znajdzie partnera, któremu to odpowiada, nie ma powodu, żeby te oczekiwania zmieniać. Problem zaczyna się wtedy, kiedy jedna z dwóch osób cierpi, bo ceną utrzymania związku jest niezaspokojenie najbardziej podstawowych potrzeb, w tym najważniejszej – potrzeby miłości.

Jak to widać na przykładzie Poli, nawet mimo jej ogromnej siły i determinacji trudno jest żyć w taki sposób. Nie da

Każdy ma prawo chcieć
od związku tyle, ile mu potrzeba,
i zadawalać się tym, czym chce.
Jeśli znajdzie partnera, któremu
to odpowiada, nie ma powodu,
żeby te oczekiwania zmieniać.
Problem zaczyna się wtedy,
kiedy jedna z dwóch osób cierpi,
bo ceną utrzymania związku
jest niezaspokojenie najbardziej
podstawowych potrzeb, w tym
najważniejszej – potrzeby miłości.

się zrezygnować z siebie, przestać pragnąć bliskości. Można wprawdzie przetrwać, ale ogromnym kosztem, po to by w końcu i tak, podobnie jak ona, znaleźć się pod murem.

WRACAJĄC DO NASZEGO SPOTKANIA

Przegadałyśmy z Polą sobotnią noc. Choć jej historia była bardzo smutna, nie płakałyśmy całe spotkanie, tylko kilka godzin. I mam wrażenie, że było to dobre. Płacz zrobił miejsce na nowe spojrzenie, przyniósł ulgę. Spałyśmy w niedzielę do jedenastej, a w południe zjadłyśmy nieprzyzwoicie wielkie śniadanie. Kiedy Pola, pochłaniając trzeci kawałek bagietki z serem, oznajmiła, że musi od poniedziałku przejść na dietę Dąbrowskiej, wiedziałam, że jest lepiej.

Podczas naszego spotkania nie wydarzyło się nic wielkiego. Pola już od jakiegoś czasu znała odpowiedzi na pytania, które sobie zadawała. Wiedziała dobrze, że dłużej tak nie wytrzyma. Potrzebowała jedynie raz jeszcze sprawdzić, czy na pewno zrobiła wszystko, co w jej mocy, żeby uratować małżeństwo. Opowiadając mi swoją historię, zrozumiała, że jej związek rozpadł się już dawno temu, i nie mogła w pojedynkę temu zapobiec.

Dzięki pracy nad sobą była w stanie zmienić jedynie swoje spojrzenie na Piotra i ich małżeństwo, a nie odwrócić lub zatrzymać to, co się między nimi działo. Dotarło do niej, że jeśli nadal będzie czekać na cud lub szukać w sobie winy, straci więcej niż związek. Straci wiarę w to, że ma prawo do swoich potrzeb i do czucia się kochaną.

Co najważniejsze: Pola uświadomiła sobie, że choć tak wiele wysiłku włożyła w to, żeby się polubić i zaakceptować, nadal nie potrafiła się o siebie zatroszczyć. Ignorowała swój stan z obawy, że zawiedzie rodzinę, a nie myślała o tym, jak bardzo zaniedbuje siebie. Ostatnie lata poświęciła na zwalczanie w sobie tego, co czuje.

DWA MIESIĄCE PÓŹNIEJ

Decyzja ma uwalniającą moc. Nie dlatego, że natychmiast po jej podjęciu wszystko staje się proste. Przeciwnie, często tak jak w przypadku Poli za trudnymi decyzjami idzie cała masa niełatwych zadań. Zmiana oznacza, że czeka nas wytężony wysiłek. Jednak kiedy dokonujemy wyboru, zmniejsza się napięcie i stres spowodowany niepewnością. Przestajemy się miotać, nabieramy sił.

Z kolei trwanie przez długi czas w zawieszeniu wypompowuje z nas energię do działania. Przyzwyczajeni do takiego stanu boimy się go opuścić, bo choć jest źle, my to „źle" dobrze znamy. Natomiast tego, co będzie, nie możemy przecież przewidzieć. Snujemy więc pesymistyczne wizje tego, co nas może spotkać, jeśli zdecydujemy się na zmianę. I odwlekamy bolesne ruchy na później lub łudzimy się, że to los dokona za nas wyboru. Niby nas to uspokaja, ale w rzeczywistości wprowadza jeszcze większy niepokój.

Pola miała doskonale przećwiczony ten proces. Kilka lat starała się unikać konfrontacji ze swoimi uczuciami. Zaklinała rzeczywistość. Tłumaczyła sobie na wiele sposobów, że nie jest źle i że jakoś wytrzyma. Przesuwała swoje granice jak plastikowe klocki, lekkim i szybkim ruchem. Na początku faktycznie doznawała chwilowej ulgi. Jednak po jakimś czasie przygnębienie i samotność dawały o sobie znać ze zdwojoną siłą.

Kiedy wreszcie podjęła decyzję, wbrew swoim wcześniejszym obawom odetchnęła. Zwolniła się bowiem z odpowiedzialności za swoje małżeństwo i wzięła odpowiedzialność za siebie. Choć wiedziała, że rozmowa z Piotrem nie będzie należała do łatwych, od niej właśnie zaczęła wdrażanie w życie swojej decyzji. Powiedziała mu, że zamierza się wyprowadzić w ciągu kilku miesięcy. Początkowo był przekonany, że to jej kolejna próba wywarcia na nim presji i nakłonienia do pomysłu, który ma odmienić ich życie. Oznajmił więc, że on się nie chce nigdzie przeprowadzać. Dopiero po jakimś czasie dotarło do niego, że tym razem Pola naprawdę mówi o rozstaniu. Zaznaczyła, że nie ma nikogo, a on nie przestał być dla niej ważny, ale nie zamierza dłużej czekać, aż się między nimi polepszy.

Mąż nie zgadzał się z jej decyzją, uważał, że jest podyktowana emocjami i pozbawiona sensu. Twierdził, że zupełnie go zaskoczyła, bo przecież ciągle od niego odchodzi, więc dlaczego tym razem definitywnie. Dopiero podczas tej rozmowy dla Poli stało się jasne, że wszystkie jej wcześniejsze komunikaty o tym, że czuje się samotna i nie chce tak żyć, były dla Piotra czymś innym niż dla niej. Traktował je jako próby wymuszenia na nim czegoś konkretnego, a nie jej wołanie o bliskość. Dotarło do niej jeszcze dobitniej, jak daleko byli od siebie, jak bardzo nie potrafili się zrozumieć. To utwierdziło ją w przekonaniu, że decyzja, której tak się bała, jest najlepszą, jaką teraz mogła podjąć. Nie analizowała już, czy to rozwiązanie na całe życie, czy tylko separacja na jakiś czas. Wiedziała, że muszą się rozstać, zacząć żyć oddzielnie. Byli jak dwa światy pod jednym dachem. Choć Piotr by

Decyzja ma uwalniającą moc. Nie dlatego, że natychmiast po jej podjęciu wszystko staje się proste. Przeciwnie, często za trudnymi decyzjami idzie cała masa niełatwych zadań. Zmiana oznacza, że czeka nas wytężony wysiłek. Jednak kiedy dokonujemy wyboru, zmniejsza się napięcie i stres spowodowany niepewnością. Przestajemy się miotać, nabieramy sił.

temu zaprzeczał, żadne z nich od dawna nie czuło się w tym małżeństwie dobrze. Kiedy mieli już za sobą tę trudną rozmowę, poczuła się o dobre kilka kilogramów lżejsza.

Nagle wszystkie sprawy organizacyjne, które ją do tej pory przerażały, okazały się prostsze. Podział kredytu, wynajem mieszkania i przygotowania do przeprowadzki stały się punktami w kalendarzu. Zadaniami, które trzeba wykonać, a nie przeszkodami.

Najtrudniejsza była dla niej rozmowa z Antkiem. Bała się, że jej nastolatek będzie zaskoczony i przerażony. Przygotowała się najlepiej, jak potrafiła, przeczytała wszystko, co się dało, o rozmach z dziećmi na temat rozstania rodziców, przegadała temat z terapeutką. Ku jej wielkiemu zaskoczeniu syn nie był zdziwiony tym, co usłyszał. Owszem, powiedział, że mu smutno, bo wolałby, żeby mama z tatą nadal byli razem, ale przecież widzi od dawna, że jest między nimi źle, więc może lepiej, że się rozejdą. Pytał, czy będzie miał swój pokój także u taty i kiedy się przeprowadzają. Pola zapewniła go, że choć zamieszka z nią na stałe, tatę będzie odwiedzał, kiedy tylko będzie miał na to ochotę. Wytłumaczyła mu również, że choć uczucia jego rodziców do siebie wygasły, każde z nich kocha go tak samo mocno i to się nigdy nie zmieni. Zapewniła, że nadal są z tatą dla siebie ważni i nie przestaną ze sobą rozmawiać. Miała nadzieję, że to, co mówiła Antkowi, się zdarzy. Chciała wierzyć, że po rozstaniu będą z Piotrem w dobrych relacjach.

SKĄD PEWNOŚĆ, ŻE TO NAJLEPSZA DECYZJA?

Żeby odpowiedzieć na to pytanie, trzeba je najpierw doprecyzować.

Decyzja nie musi być najlepsza w ogóle, tylko:

- najlepsza dla mnie, czyli wzmacniająca
- najlepsza dzisiaj, czyli według stanu rzeczy tu i teraz
- najlepsza z możliwych, czyli wykonalna

Znam wiele osób, które przed podjęciem decyzji powstrzymuje to, że nie są pewne, czy rozważyły wszystkie istniejące opcje. Nie tylko Pola miała z tym problem. Każdy z nas boi się popełnienia błędu, jeśli jego skutki są nieodwracalne. Tylko że nie ma możliwości, żeby wziąć pod uwagę wszystko. Myślenie o potencjalnych zagrożeniach i komplikacjach czy tworzenie negatywnych scenariuszy przenosi nas w przyszłość, żeby odciągnąć uwagę od teraźniejszości. To jeden z mechanizmów obronnych wynikających z lęku przed zmianą. Szukając dowodów na to, że może być gorzej, niż jest, dostarczamy sobie argumentów na rzecz tego, żeby niczego nie zmieniać. Nawet jeśli, podobnie jak w przypadku Poli, od dawna nas to, łagodnie rzecz ujmując, nie zadowala.

Kolejny mechanizm obronny, który często się w takich sytuacjach włącza, to racjonalizacja. Czyli nic innego jak kolorowanie faktów i przesuwanie własnych granic. Wmawiamy sobie, że sytuacja, w której się znajdujemy, wygląda lepiej niż w rzeczywistości. „Moje małżeństwo wcale nie jest takie złe. Znam dużo gorsze", „Przecież seks nie jest najważniejszy, da się bez niego żyć", „Nie wiadomo, ile jeszcze pożyjemy, po co sobie fundować rewolucję", „On jest takim dobrym ojcem, dobrym człowiekiem".

Uspokajamy się na krótki czas, bo na zawsze trudno się oszukać. Można to zrobić, ale koszty takiego zabiegu są ogromne. Odcinając się od swoich potrzeb, gubimy poczucie sensu, często także tracimy wiarygodność we własnych oczach. Miotamy się, rośnie w nas napięcie. Złość na partnera już nie przynosi ulgi, zaczynamy się wściekać na siebie. Bardzo trafnie ujęła to Lucyna Kirwil: „Jednocześnie nasila się złość na siebie, samoagresja, że wciąż w tym związku trwamy, że nie jesteśmy w stanie podjąć decyzji o rozstaniu".*

Dokładnie w takim punkcie była jeszcze niedawno Pola. Trwający od wielu lat kryzys w jej małżeństwie przekładał się nie tylko na jej relacje z Piotrem. Miała coraz mniejszą ochotę na spotykanie się z ludźmi. Nie potrafiła też tak jak dawniej skupić się na pracy. Absorbowały ją i wykańczały targające nią sprzeczności. Traciła wewnętrzną spójność, zaufanie do siebie. Pomimo wysiłku, jaki wkładała w to, żeby się przekonać, że nic złego się w jej życiu prywatnym nie dzieje, odczuwała coraz większą frustrację. Męczyły ją rozmowy o związkach, bo konfrontowała się z tym, co czuje. Docierało do niej, że niezależnie od tego, jak bardzo będzie się starała pracować nad swoim związkiem, nie zmieni to faktu, że od lat jest w nim samotna. Obwiniała się, że nie potrafi być szczęśliwa. Przecież w jej małżeństwie nie działy się wielkie dramaty, jej mąż jej nie krzywdził, nikt nikogo nie zdradził, nie oszukał. „Kim trzeba być, żeby chcieć rozwalić taki związek?!" – ganiła się w myślach.

---

* Bralczyk Jerzy, Kirwil Lucyna, Oponowicz Karolina, *Pokochawszy. O miłości w języku*, Wydawnictwo Agora, 2018, s. 258.

POCZUCIA WINY NIE MOŻNA MYLIĆ Z ODPOWIEDZIALNOŚCIĄ, A ZA ZWIĄZEK ODPOWIADAJĄ DWIE OSOBY

Tyle razy słyszałam od moich klientek w podobnej sytuacji, że mają poczucie winy z powodu tego, co czują. Zagubione, smutne i porażająco samotne. Boją się przyznać przed sobą i światem, że są nieszczęśliwe. Tak jakby potrzeba bycia kochaną była zbrodnią, jeśli na szali położony jest święty spokój innych. Jakbyśmy ją realizowali kosztem najbliższych. Utrzymanie wieloletniego małżeństwa, które od dawna jest jedynie grą pozorów, staje się zadaniem ponad ich siły. Jednak obawa o to, że zostaną odebrane przez otoczenie jako egoistki, nie pozwala im się ruszyć z miejsca. Zazwyczaj dochodzi do tego jeszcze cały zestaw lęków o to, czy sobie same poradzą i czy na pewno nie dało się już więcej nic w tym związku zrobić.

Nikt nie przeczy, że rodzina to wielka wartość, że zabieganie o jej utrzymanie zawsze ma sens. Nie tylko wtedy, kiedy mamy dzieci i nie chcemy im burzyć poczucia bezpieczeństwa, ale także wtedy, gdy jest nas tylko dwoje. Jeśli w naszym domu dzieje się źle, warto stanąć na głowie, żeby uratować związek, odbudować bliskość i zaufanie. Nie można nastawiać się tylko na poszukiwanie łatwych rozwiązań i szybkich przyjemności. **Wiadomo, że długotrwałe związki wymagają nie tylko dobrych chęci, ale i ciężkiej pracy. Jednak choćbyśmy nie wiem jak się starali i nie wiem ile wysiłku włożyli w pracę nad relacją, jeśli tylko my tę pracę wykonamy – to będzie za mało.** To nie wystarczy, żeby związek był dobry.

Każdy z nas ma własne potrzeby, jest indywidualnym zestawem wad i zalet. Wiążąc się z drugim człowiekiem, dokonujemy wyboru, że ten właśnie model bierzemy w całości. Jednak akceptowanie człowieka to nie to samo co akceptowanie wszystkich jego zachowań. Związek nie może wyglądać tak, że z upływem czasu godzimy się na przekraczanie naszych granic lub zaniedbywanie naszych potrzeb. Nie tych, o które musimy zadbać sami, tylko tych, za których zaspokojenie odpowiada partner. Sami możemy zrobić wiele, żeby zatroszczyć się o swoje samopoczucie i dobrostan, ale uczynić się ważnym i kochanym przez drugiego człowieka nie jesteśmy w stanie. Podobnie jak na nas, na nim także spoczywa odpowiedzialność za jakość naszego wspólnego związku. Można oczywiście przejąć inicjatywę, nic nie stoi na przeszkodzie, żeby czasami robić więcej niż partner, ale całkiem zwolnić drugiej osoby z tego zadania się nie da.

Uświadomienie sobie, że nie mamy pełnego wpływu na to, jak wygląda nasz związek, jest oczyszczające. Nie tylko dlatego, że uwalania nas od poczucia winy, ale także dlatego, że pozwala nam spojrzeć na to, co się dzieje, z innej perspektywy. To, że coś się kończy, nie musi oznaczać, że któryś z partnerów miał złe intencje, tylko że wygasła moc złożonych kiedyś obietnic, że „będziemy się kochać aż do śmierci". Trzeba umieć nazwać to, co się dzieje. „Nie kochamy się, nie chcemy być razem". Jeśli takie są fakty, nie musimy roztrząsać przyczyn. Bo skoro nie ma woli obu stron, żeby ten stan zmienić, pora, żeby każdy zadbał o siebie i pozwolił drugiej osobie zrobić to samo. Niezależnie od tego, czy partner z tego pozwolenia skorzysta.

NOWE Z PEWNOŚCIĄ JEST INNE, ALE Z CZASEM DA SIĘ TO INNE OSWOIĆ

Zaczynanie od nowa po wielu latach spędzonych w związku nie jest łatwe. Niby odczuwamy ulgę, a jednak zdarzają nam się chwile smutku i zwątpienia. Nawet gdy już się uporamy z najważniejszymi rozmowami, powiadomimy bliskich oraz przyjaciół i podejmiemy konkretne kroki związane z rozstaniem, jak wizyta u prawnika czy wynajem mieszkania. Skoro decyzja jest już nie tylko podjęta, ale też wcielana w życie, wydawałoby się, że najtrudniejsze mamy za sobą. Skąd zatem ten niepokój, co takiego się dzieje, że nasz nastrój potrafi się gwałtownie pogorszyć?

Otóż nie ma w tym niczego dziwnego. W takiej sytuacji stan huśtawki jest naturalny – warto to sobie uświadomić. To efekt zamykania ważnego etapu. Nie przeczy on słuszności podjętej decyzji.

Czasami próbujemy także uciec od tego, co się z nami dzieje, i wmawiamy sobie, że nic się nie stało. Tak jakbyśmy się bali, że nasze wewnętrzne wahania wykluczają lub podważają sens dokonanego przez nas wyboru. W rzeczywistości jest dokładnie na odwrót. **Odcinanie się od przeżywania trudnych uczuć nie pozwala się pożegnać z przeszłością i przygotować do dalszej drogi. Złość, gniew, poczucie wyobcowania, smutek, żal przychodzą falami i zanim sobie pójdą, trzeba im pozwolić wybrzmieć.** Będą się pojawiały przy każdej myśli o tym, co zostawiamy za sobą, lub podczas snucia ponurych wizji tego, co może nastąpić. W najmniej oczekiwanych momentach takich jak parzenie tylko jednej porannej kawy lub kupowanie mniejszej ilości pieczywa na kolację. Zanim zdąży do nas dotrzeć, że wspomnienia są jedynie kawałkiem większej całości, nieraz podsuną nam coś, co obudzi tęsknotę. Pojawi się obawa, że już nigdy nie odzyskamy radości i spokoju.

Nie warto z tym walczyć, lepiej uważnie się temu przyglądać. Nie zapominać, że ten stan to część procesu, a nie finał podjętej przez nas decyzji. Jeśli pozwolimy mu się toczyć – minie. Nasz udział w tym procesie to świadome obserwowanie tego, co się dzieje. Pojawiających się i przemijających emocji: lęku, tęsknoty, żalu, smutku, ale i radości czy ulgi.

Każde dobre wspomnienie zachowajmy w pamięci, jest przecież częścią nas, naszej historii. Nie zapominajmy jednak, że to nie te piękne chwile spowodowały rozstanie. Porządkujmy przeszłość, ale nie analizujmy po raz kolejny tego, co się wydarzyło. Nie w sposób, który burzy w nas spokój, bo wzbudza poczucie winy lub krzywdy. Nie roztrząsajmy tego, co się stało, dziesiątki razy, nie zastanawiajmy się, czy „on zawsze był zły, tylko my tego nie zauważyłyśmy", albo „dlaczego zmarnowałyśmy kawał życia". Dajmy sobie szansę na zamknięcie jednego etapu i przygotowanie się do wejścia w kolejny. Każdy nowy dzień niesie doświadczenia, które stają się jego częścią. **Im więcej czasu mija, tym łatwiej nam będzie dostrzegać możliwości drzemiące w nowej sytuacji, a nie zagrożenia.** Zamiast martwić się o przyszłość, zaczniemy ją odkrywać. Ten proces jest równie naturalny jak pożegnanie z przeszłością. Ale w odróżnieniu od niego – uskrzydlający. Jeśli o siebie zadbamy, może nas czekać dobry czas, pełen powodów do radości.

CO Z TĄ MIŁOŚCIĄ?

Ciąg dalszy może być naprawdę piękny...

Kiedy zaczynałam pisać tę książkę, zastanawiałam się, czy to, że mowa w niej przede wszystkim o kryzysach przeżywanych w związku, nie zniechęci was do sięgnięcia po nią. W końcu w książce o miłości można by się spodziewać czegoś o romantycznych początkach i motylach w brzuchu. Ale zaryzykowałam i zdecydowałam się skupić na tym, co się z nami dzieje, kiedy znajdujemy się w impasie, gdy mamy wrażenie, że w naszej relacji doszliśmy do ściany.

Zapytacie pewno, dlaczego chciałam się skupić na kryzysach. Czyżbym nie wierzyła w piękną i wielką miłość?

Odpowiem najszczerzej, jak potrafię. Wybrałam taki temat właśnie dlatego, że wierzę w siłę, a przede wszystkim w wartość uczucia, jakie może łączyć dwojga ludzi. A także dlatego, że wiem, iż związki, nawet te najbardziej romantyczne, jeśli mają być trwałe i dobre, wymagają pracy każdego z partnerów. I dlatego, że zbyt często spotykam pary tworzone przez ludzi, którzy czują się bardzo samotni, bo nie potrafią ze sobą rozmawiać i zapomnieli, co to znaczy troszczyć się o siebie wzajemnie. Oraz z poczucia, że warto wykorzystać każdą szansę, żeby ocalić związek dwojga kochających się ludzi.

Ale również z tego powodu, żeby wszystkim, którzy są teraz w związkach bez przyszłości lub bez miłości, powiedzieć, że koniec relacji, choć boli, często jest początkiem czegoś nowego. Że bycie samemu przez jakiś czas może być lepsze od samotnego trwania obok siebie. Daje nam szansę na poznanie siebie oraz otwiera nas na nowe doświadczenia. Nawet jeśli zamknięcie poprzedniego etapu jest bardzo trudne, bo wydaje nam się, że przeszłość, którą zostawiamy za sobą, zabrała nam prawo do pięknej przyszłości. Chciałam was zapewnić, że choć takie obawy, podobnie jak przykre uczucia, będą się pojawiały, to z czasem miną. Powróci radość i wiara w sens życia.

Przede wszystkim jednak napisałam tę książkę dlatego, że moim zdaniem miłość to najważniejszy prezent, jakim mogą się wzajemnie obdarować ludzie. Warto zrobić, co w naszej mocy, żeby się o nią zatroszczyć. Nie wolno jej pozwolić umierać powolną śmiercią na chorobę zwaną zaniedbaniem. A kiedy się zdarzy, że wbrew naszej woli i staraniom straciliśmy moc, żeby ją zatrzymać – bo do tego potrzeba dwóch osób – dajmy jej odejść. Pożegnajmy wspomnienia i przygotujmy się na przyjęcie tego pięknego daru ponownie.

Postanowiłam nie dawać rad, nie udzielać wskazówek ani też nie przekazywać wam gotowych instrukcji postępowania z miłością. Literatury temu poświęconej jest wystarczająco dużo. Chciałam wam pokazać, że zanim sięgniemy po klucze do rozwiązywania problemów, warto najpierw te problemy nazwać i zrozumieć, z czego wynikają. Mam nadzieję, że w historiach moich bohaterek i bohaterów odnajdziecie choć kawałek siebie. Że zachęcą was one do przemyślenia tego, co się dzieje w waszym życiu uczuciowym. Tym właśnie ma być ta książka – inspiracją do działania. Do lepszego zatroszczenia się o siebie, a potem do zadbania o swój związek.

W moim odczuciu najistotniejsze w relacji z drugim człowiekiem są trzy rzeczy: świadoma **decyzja** o wspólnym życiu i wspólnym wypełnianiu wynikających z tego postanowienia zadań, **komunikacja** oraz **bliskość**. Wymieniłam je w tej kolejności, bo jestem zdania, że następują po sobie. Oczywiście przy dołożeniu wszelkich starań z naszej strony.

Decyzja to moment, w którym na horyzoncie pojawia się coś więcej niż tylko euforia charakterystyczna dla fazy zauroczenia. To zobowiązanie do pracy nad tym, żeby było między nami dobrze.

Zbyt często traktujemy związek jak coś, co powinno się rozwijać samo, lub cedujemy odpowiedzialność za jego jakość na partnera. Tak jakbyśmy nie chcieli przyjąć do wiadomości, że szczęśliwe życie we dwoje od każdego z nas wymaga wysiłku. Im dłużej jesteśmy ze sobą, tym większe prawdopodobieństwo, że pojawią się problemy. W końcu każdy z nas jest odrębną jednostką, ukształtowaną przez inne doświadczenia, z własnym charakterem i temperamentem. Zanim nauczymy się siebie wzajemnie, poznamy granice, których przekraczać nie wolno, potrzebny jest nie tylko czas, ale i wspólne przeżycia. Także te wynikające z pokonywania trudności. Wszystko jedno, czy mówimy o kłopotach finansowych, różnicy zdań, podziale obowiązków, czy odczuwanym przez któregoś z partnerów braku bliskości. Nie można odmówić udziału we współpracy nad wspólnym dobrem, jakim jest związek. To jak wycofanie się z decyzji, unikanie konsekwencji, jakie z jej podjęcia wynikają.

Kiedy któreś z partnerów podejmuje próby znalezienia pomocy i na przykład zaczyna terapię, bardzo często zostaje w tym sam. Owszem, część pracy można wykonać w pojedynkę – podobnie jak zrobiły to moje bohaterki Ada czy Pola. Nauczyły się rozpoznawać, a potem nazywać swoje uczucia i potrzeby. Dowiedziały się, w jaki sposób mogą zadbać o własne granice, ale także jak nie obciążać partnera oczekiwaniami wynikającymi z deficytów wyniesionych z dzieciństwa. Zrozumiały, jak ważne jest to, żeby same popracowały nad poczuciem własnej wartości. Jola z kolei dzięki terapii zrozumiała, że jej mąż jest uzależniony od alkoholu, a ona swoim postępowaniem wcale nie pomaga mu się z tym uporać, tylko stwarza warunki do dalszego picia. Dotarło do niej, że musi przede wszystkim zadbać o siebie, że walka z nałogiem nie jest jej zadaniem.

Niezależnie jednak od tego, ile wysiłku każda z dziewczyn włożyła w pracę nad swoim rozwojem i jak duże miała z tego korzyści, żadna z nich nie mogła wykonać roboty za swojego partnera. Nawet jeśli zmiany w ich zachowaniu wpłynęły na poprawę sytuacji w ich związkach, bez otwartości i gotowości do pracy drugiej osoby nie da się wyjść z kryzysu. Nie zawsze do tego, żeby było lepiej, konieczna jest terapia, ale uważność i zaangażowanie są niezbędne.

Czasami zadziwia mnie stosunek niektórych mężczyzn do pracy nad związkiem. Wśród moich klientów są panowie, którzy potrafią włożyć ogromny wysiłek w przygotowanie ważnej prezentacji, poruszyć niebo i ziemię, żeby zadanie, za które odpowiadają, zrealizować na najwyższym poziomie. A kiedy chodzi o tak ważny życiowy projekt, jakim jest ich małżeństwo, przerasta ich odrobina pracy na jego rzecz. Nie da się wszystkiego zwalić na wzorce kulturowe i „męski" brak empatii czy umiejętności okazywania uczuć. Dbania o relacje można się nauczyć. Jeśli chce się z kimś żyć w szczęśliwym związku – to wręcz trzeba się nauczyć. Tymczasem bywa, że panowie (paniom też się to zdarza, ale znacznie rzadziej) są poirytowani samym pomysłem, że muszą coś zmienić w swoim zachowaniu. Przecież „to ona" źle się czuje, „to jej" czegoś w tej relacji brakuje. Nawet jeśli tak jest, „ona" jest częścią wspólnoty, za którą odpowiadają dwie osoby. Jeśli jedno potrzebuje wsparcia partnera, to zadaniem drugiego jest go udzielić. Z życzliwością, otwartością i zaangażowaniem. To jest właśnie konsekwencja świadomie podjętej decyzji, niezwykle ważny element miłości. Trzeba to powiedzieć głośno: bez zaangażowania nic nie będzie dobre, ani rozmowa, ani obiad, ani seks.

Kolejna ważna rzecz, na którą chciałam zwrócić waszą uwagę, to **komunikacja.** Dużo o tym pisałam, ale przypomnę to, co wydaje mi się najważniejsze. Znacznie łatwiej pracować nad komunikacją, jeśli podjęliśmy decyzję o byciu razem. Wiemy bowiem, że niezależnie od tego, jak jest ciężko, prędzej czy później musimy się ze sobą dogadać. Każde z nas ma interes w tym, żeby jak najszybciej się tego nauczyć.

Jedna z bardzo dobrych terapeutek, którą miałam okazję poznać wiele lat temu, zalecała parom, z którymi pracowała, żeby podczas trudnych rozmów, zamiast zamykać się w sobie lub straszyć odejściem, powtarzali jedno zdanie: „I tak cię nie opuszczę aż do śmierci". Nie zdawałam sobie sprawy, jak wiele ten prosty zabieg może zmienić, ale pełna zaufania do jej doświadczenia i autorytetu też zaczęłam go rekomendować. Efekty przeszły moje oczekiwania. Okazało się, że kiedy podczas kłótni jedno z małżonków zdobywa się na wypowiedzenie tego zdania, zmienia się nastawienie obojga. Zamiast eskalacji emocji następuje rozprężenie. Po chwili napięcie zaczyna opadać. Prosty komunikat, z którego jasno wynika, że cokolwiek się wydarzy, przejdziemy przez to razem, ma moc uspokajającą. Skoro cię nie zamierzam opuścić, to znaczy, że jestem z tobą i dla ciebie, więc może zatrzymajmy się na chwilę i zastanówmy, co dalej.

Bardzo często pretensje kierowane do partnera zamieniają się w nieprzyjemne pyskówki lub kłótnie. Czasami przeradzają się w bolesne dyskusje, podczas których coraz bardziej się ranimy. Najczęściej zaczyna się niewinnie, a kończy potężnymi ciosami, oskarżeniami i ocenami, które trudno dźwignąć. Zazwyczaj przyczyny, które leżą u ich podłoża, są zupełnie inne niż rzekomy powód awantury. Pisałam o tym, podsumowując historię Ady i Grzegorza.

Komunikatów „obok" problemu, czyli tematów zastępczych pozwalających uniknąć rozmawiania o obawach i uczuciach, jest bardzo wiele.

„Nigdy nie odkładasz kapci na miejsce.
Masz w nosie moją pracę"
zamiast „Kochanie, źle mi z tym, że nie dostrzegasz,
jak się napracowałam. Czy możesz się bardziej postarać?"

„Masz gdzieś to, że cię tyle razy proszę,
żebyś wyprowadził psa, jak tylko wrócisz"
zamiast „Kiedy zapominasz o tym, na co się umawialiśmy,
jest mi przykro, bo czuję się ignorowana"

„Zawsze zapominasz o moich urodzinach"
zamiast „Smutno mi, że nie pamiętałeś o moich urodzinach.
Czy były jakieś ważne powody, że tak się stało?"

Oczywiście po drugiej stronie mamy analogiczny mechanizm reagowania, czyli:

Zamiast „Przepraszam, nie pamiętam o tych kapciach.
Jeśli to dla ciebie ważne, postaram się bardziej.
Wiesz, jak doceniam to, że dbasz o dom"
słyszymy „Zawsze się czepiasz. Wszystko robię źle,
nigdy nie jesteś zadowolona"

Zamiast „Zapomniałem, naprawdę mi przykro z tego powodu"
pada „To twój pies, mówiłem, że niepotrzebne nam zwierzę w domu"

Zamiast „Jak mogłem? Zaraz to naprawię, wiesz przecież,
jak bardzo jesteś dla mnie ważna"
słyszymy „Ty i tak nigdy nic nie doceniasz.
Nie ma sensu się starać"

Kiedy w komunikacji między dwojgiem ludzi pojawia się „ty nigdy" lub „ty zawsze", wiadomo, że nie chodzi ani o nieodłożone na miejsce kapcie, ani o niewyprowadzonego psa. Chodzi o coś znacznie głębszego, niewyrażone obawy i przeżywane uczucia.

Starałam się was zachęcić do podjęcia wyzwania, jakim jest odsłonięcie się przed ukochaną osobą, pokazanie siebie takimi, jakimi naprawdę jesteśmy. Jednocześnie do otwarcia się na perspektywę drugiego człowieka, na zrozumienie jego świata. Bez tego w moim przekonaniu nie da się stworzyć wartościowej relacji. Życzliwość i akceptacja są najważniejszym elementem komunikacji, dają szansę na znalezienie wspólnego języka, bez oceniania i atakowania się wzajemnie.

Kolejnym ważnym krokiem do porozumienia, o którym dużo tu pisałam, jest wypracowanie w sobie **umiejętności słuchania**. Uwzględnienie faktu, że to, co ma nam do przekazania partner, zasługuje na sto procent naszej uwagi. Nie możemy zakładać, że wiemy, co ma na myśli, i na tej podstawie wyciągać wnioski. Najczęściej daleko idące. W zasadzie każdy z omawianych przeze mnie problemów w każdej historii zaczynał się od niesłyszenia partnera. Zanim przyszły kolejne etapy kryzysu, takie jak oddalenie się od siebie czy zdrada, najpierw partnerzy zaniedbali uważność, gotowość do wysłuchania i zrozumienia kochanego człowieka. To, jak wiele pracy włożyła w poprawę sytuacji w swoim małżeństwie Pola, nie mogło przynieść efektów, skoro mąż nie był gotów jej usłyszeć. Z góry zakładał, że lepiej od niej wie, co się z nią dzieje. Uznał, że jej problemy wynikają z jej charakteru i wygórowanych oczekiwań. Jego zdaniem nie ma powodu do tego, żeby się źle czuła, a skoro tak jest, powinna umieć sobie z tym poradzić.

Granica pomiędzy tym, za co odpowiadamy sami, a tym, czego możemy oczekiwać od drugiego człowieka, jest bardzo cienka. Wiele kobiet (i nie tylko kobiet) ulega argumentom partnera i w nieskończoność próbuje zmieniać siebie, żeby związek był lepszy. Tak długo, jak mówimy o braku poczucia własnej wartości, o deficytach wyniesionych z okresu dzieciństwa, ma to sens. Warto samemu nad tym popracować niezależnie od tego, czy nasza relacja przetrwa, czy nie. Korzyści zaowocują w każdym obszarze życia. Jednak nie da się bez udziału drugiego człowieka zaspokoić potrzeby bliskości. Nie można samemu sprawić, że będziemy się czuli wysłuchani, zrozumiani i kochani w związku. Jeśli partner nie chce się zaangażować i odmawia uczestniczenia w dbaniu o relację, warto – podobnie jak to zrobiła Pola – zastanowić się nad wspólną przyszłością. Trwania obok siebie, bez umiejętności empatycznego komunikowania się, nie można nazwać dobrym związkiem.

No i **bliskość**, czyli wisienka na torcie, najcenniejszy skarb związku. O niej starałam się tu pisać jak najwięcej. Jestem bowiem przekonana, że siła, z jaką łączy dwoje ludzi zaspokojona potrzeba bliskości, może być czymś wiecznym. Od nas zależy, czy jedynie w znaczeniu metaforycznym, czy w rzeczywistości. Troska i dbałość, z jaką budujemy, a potem pielęgnujemy bliskość, ma bezpośredni wpływ na jakość naszego związku. Jeśli w ślad za decyzją o wspólnym życiu będziemy dążyć do tego, żeby coraz lepiej poznać partnera, a dzięki temu nauczymy się porozumiewać, nie raniąc, wspierać wzajemnie oraz wzmacniać – sprawimy, że więzi, które nas łączą, będą coraz silniejsze. Jeśli zaufamy drugiej osobie i ona zrobi to samo, odkryjemy przed sobą słabości po to, żeby wiedzieć, jak lepiej zadbać o siebie i wzajemnie się chronić. Nasza relacja nabierze wyjątkowej wartości. Związek stanie się wtedy bezpieczną bazą, źródłem mocy, miejscem, w którym jest nam najlepiej na świecie.

Nie wolno nam zapominać o tym, co w nas najpiękniejsze, o powodach, dla których wybraliśmy siebie nawzajem. A jeśli tak się zdarzy, że przez chwilę stracimy je z oczu, należy to sobie jak najszybciej przypomnieć. Warto nauczyć się przywoływać dobre wspomnienia, kolekcjonować obrazy, które uwieczniają w pamięci ważne, dobre chwile.

Bliskość to nie tylko dobra komunikacja i wzajemna troska, ale i intymność, którą po wielu latach związku trzeba dopieszczać wyjątkowo czule. Słowem, dotykiem, spojrzeniem. Jeśli przez lata ta sfera była zaniedbana, nie da się jej obudzić rzuconym przez niego pytaniem: „To co, będzie coś dzisiaj?" ani jej pretensją: „Czemu tak się na nią gapiłeś? Oczywiście, ja cię już wcale nie podniecam".

W tym obszarze trzeba się poruszać delikatnie jak kot. Ostrożnie stawiać kroki i sprawdzać, czy nie spłoszyliśmy partnera zbyt gwałtownym ruchem, czy idziemy w dobrą stronę. Magiczny wpływ na pobudzenie zmysłów mają skojarzenia, niepozorne symbole, które przywołują dobre wspomnienia. Dokładnie tak się stało w przypadku Ady w dniu, w którym na terapii przypomniała sobie gorącą deszczową noc sprzed wielu lat, rozpoczętą od podróży windą we dwoje. Nie będę wam opowiadała, co się działo tego wieczoru w ich domu, kiedy Zuzia zasnęła. Powiem tylko, że ubrana w stringi i przezroczysty płaszcz przeciwdeszczowy Ada zapytała Grzegorza: „Pamiętasz molo w Sopocie? Na wypadek, gdyby dzisiaj miało padać, jestem przygotowana". Dodam, że jej mąż wiedział doskonale, jak na to pytanie odpowiedzieć...

Nasze zmysły trzeba karmić, a nie z każdym kolejnym rokiem życia zapominać o ich delikatnych preferencjach smakowych. Nadzieja, że dobry seks zawsze będzie przychodził z taką samą łatwością jak w fazie zakochania, jest bardziej naiwna niż wiara w to, że bociany przynoszą dzieci. To, że nie jest łatwo wskoczyć do łóżka, nie oznacza wcale, że nie da się w nim wyprawiać rzeczy, o których dawniej nawet byśmy nie pomyśleli. Kreatywność dwojga kochających się ludzi, ufających sobie i znających dobrze swoje ciała, nie ma ograniczeń. Warto o tym pamiętać i zadbać o jak najlepsze tej kreatywności wykorzystanie.

Z całego serca wam życzę, żebyście nigdy nie zwątpili w to, że zasługujecie na miłość. Żebyście byli gotowi wziąć to, co razem z nią przychodzi, i potrafili się dzielić tym, co dobre, odwzajemniając uczucie.

Tych z was, którzy są sami, chcę zapewnić, że to stan przejściowy. Warto go wykorzystać na lepsze poznanie siebie, zrozumienie własnych potrzeb i przygotowanie się do bycia z drugim człowiekiem. To prawda, że nie da się na pstryknięcie palcem zakochać ani tym bardziej na zawołanie znaleźć kogoś wartego uczucia. Moje obserwacje i doświadczenia w pracy z ludźmi pokazują jednak, że kiedy jesteśmy gotowi na miłość, ona się pojawia. Nie w osobie rycerza na białym koniu lub księżniczki z bajki, ale prawdziwego składającego się z wad i zalet człowieka.

Jeśli lubimy siebie i znamy swoją wartość, patrzymy na świat w określony sposób. Nie rozglądamy się dookoła w poszukiwaniu zbawcy, ratownika lub kogoś, kto sam wymaga „ocalenia". Poznajemy innych ludzi z ciekawością, zwracając uwagę na tych, którzy robią na nas szczególne wrażenie. Dostrzegamy osoby, z którymi nam się dobrze rozmawia, w których towarzystwie na naszej twarzy pojawia się uśmiech. Nie boimy się zaryzykować i sprawdzić, czy jest coś jeszcze, co może nas łączyć. Czy po kilku spotkaniach on lub ona nadal mnie pociąga, czy pożądanie ma szansę rozwinąć się w coś więcej. Wiemy bowiem, że nawet jeśli nic z tej relacji nie wyjdzie, od podjętej próby, nawet nieudanej, nasza wartość nie spadnie.

Jak już nieraz mówiłam: bez ryzyka nie ma mowy o zbudowaniu dobrej relacji. Im wcześniej odważymy się zadawać sobie pytania: „czy z tym człowiekiem chcę być?", „czy chcę mu zaufać, lepiej go poznać?", tym większa szansa, że decyzję o byciu razem podejmiemy świadomie. Tym lepsze perspektywy dla nas jako pary.

Marzena i Monika, choć ich historie różnią się od siebie, pominęły ten niezwykle ważny etap. Zdecydowały się na wejście w relacje, które mają im „coś załatwić". Marzena dzięki Jarkowi kolejny raz chce się czuć niezbędna, kontrolowanie życia jej partnera ma jej zapewnić spokój i uczynić ją szczęśliwą. Być może to wystarczy, żeby im się udało, ja jednak takiego sposobu poszukiwania miłości nie polecam. Monika z kolei, choć zrobiła pierwszy krok prowadzący do stworzenia dobrego związku, bo dopuściła do głosu uczucia, to ulokowała je w nieodpowiednim partnerze. Wiążąc się z żonatym mężczyzną, ma małą szansę na zaspokojenie potrzeby bliskości. Siłą rzeczy kobieta będąca w relacji z zajętym facetem nie może liczyć na to, co tak ważne w miłości: otwartość, zaufanie, zaangażowanie. Jeśli Monika sobie to uświadomi i zdecyduje się odejść od Marcina, będzie miała przed sobą kolejne zadanie. Zrozumieć to, przez co przechodzi, nazwać i przeżyć trudne uczucia, wreszcie nauczyć się budowania relacji, które są wzmocnieniem, a nie cierpieniem lub walką. Mam nadzieję, że tak właśnie będzie i Monika znajdzie kogoś, z kim będzie szczęśliwa.

Tym z was, którzy są w związkach, życzę, żeby „ciąg dalszy miłości" był jeszcze piękniejszy niż jej początki. Żebyście chcieli tak samo mocno, jak mocno czasami nie macie na to siły. Pamiętajcie, że wiele lat wspólnego życia dwojga ludzi w naturalny sposób niesie też trudności. Życzę wam wytrwałości w poszukiwaniu sposobów na to, żeby sobie z nimi poradzić. Kreatywności w odkrywaniu siebie na nowo. Dbania o to, żeby niezależnie od pojawiających się problemów, przeżywanych kryzysów nie oddalić się od siebie na tyle daleko, że już nie będzie powrotu.

Szczególnie panów zachęcam do wyjścia ze strefy komfortu i przełamania oporu przed mówieniem o uczuciach oraz słuchaniem swoich partnerek z cierpliwą uważnością. Grzegorz podjął trud pracy nad związkiem i jest duża szansa, że razem z Adą odbudują coś jeszcze cenniejszego, niż mieli przed kryzysem. Marcin postanowił sobie poradzić z brakiem bliskości, szukając jej w ramionach innej kobiety. Cena, jaką już teraz za tę decyzję płaci, świadczy o tym, że nie była ona dobra. Wyrzuty sumienia pogłębiają jego stany depresyjne, jeszcze bardziej zamyka się w sobie, uciekając nie tylko przed swoją żoną Olą, ale i przed Moniką, z którą ma romans. Piotr z kolei w ogóle nie dopuszcza do siebie myśli, że jest źle. Być może faktycznie nie potrzebuje do szczęścia związku pełnego ciepła i bliskości. Albo Pola nie jest osobą, z którą był w stanie taki związek stworzyć. Niestety, nie potrafił ani jej, ani nawet sobie tego powiedzieć. Chciał trwać w przeszłości, ignorując to, że już dawno oddalili się od siebie. To jego zdaniem było lepsze niż rozstanie. Dla niego – być może, ale dla jego żony – nie. Czy po odejściu Poli zmieni zdanie? Nie wiem, ale z pewnością, niezależnie od tego, co się stanie, teraz sam będzie musiał się z tym uporać.

Na sam koniec raz jeszcze chciałbym was zapewnić, że impasy w związkach są do pokonania. Niezależnie od ich rodzaju wymagają jednak od nas dokonania wyboru. Czasami niezwykle trudnego, za którym idzie chwilowe cierpienie i ciężka praca. Pamiętajmy, że jeśli oczekujemy zmiany naszego samopoczucia, musimy zmienić zarówno nasze myślenie, jak i zachowanie. Tylko wtedy na powrót wprawiamy w ruch nasze życie, odzyskujemy siły do pójścia o krok dalej. Wybierzmy najlepiej, jak w danym momencie potrafimy, i nie oglądając się za siebie, idźmy do przodu. Jestem pewna, że jeśli to zrobimy, prędzej czy później odzyskamy wiarę w miłość i zagubione po drodze szczęście. Nie tylko w to wierzę, ale wiem, że tak będzie.

MOJE INSPIRACJE

Wojciszke B., *Psychologia miłości*, Gdańskie Wydawnictwo Psychologiczne, Gdańsk 2017

Tatkin S., *Oprogramowanie służące miłości*, przeł. Małgorzata Guzowska, Instytut Psychologii Zdrowia, Warszawa 2013

Sternberg R.J., Weis K., *Nowa psychologia miłości*, przeł. Anna Sosenko, Biblioteka Moderatora, Taszów 2007

Sternberg R.J., *Miłość jest opowieścią*, przeł. Tomasz Oljasz, Dom Wydawniczy REBIS, Poznań 2001

Jucewicz A., Sroczyński G., *Kochaj wystarczająco dobrze*, Wydawnictwo Agora, Warszawa 2015

Bralczyk J., Kirwil L., Oponowicz K., *Pokochawszy. O miłości w języku*, Wydawnictwo Agora, Warszawa 2018

Długołęcka A., Reiter P., *Seks na wysokich obcasach 2*, Wydawnictwo Agora, Warszawa 2016

Droździak P., Mazurowska R., *Blisko, nie za blisko. Terapeutyczne rozmowy o związkach*, wydawnictwo Helion, Gliwice 2012

Grochola K., Wiśniewski A., *Związki i rozwiązki miłosne*, Wydawnictwo Literackie, Warszawa 2002

Hendrix H., *Zdobędziesz miłość, jakiej pragniesz*, przeł. Jolanta Kubiak, Dom Wydawniczy REBIS, Poznań 2004

Johnson S., *Przytul mnie. Siedem rozmów, które zapewnią miłość przez całe życie*, przeł. Katarzyna Sobiepanek-Szczęsna, wydawnictwo Laurum, Warszawa 2012

Kozierowska O., *Mój przyjaciel kryzys*, wydawnictwo Edipresse Polska, Warszawa 2017

Gryżewski A., Pilarski P., *Sztuka obsługi Penisa*, Wydawnictwo Agora, Warszawa 2018

Weiner-Davis M., *Divorce Busting: A Revolutionary And Rapid Program for Staying Together*, Simon & Schuster Paperbacks, Nowy Jork 1992

Dąbrowska J., Tulli M., *Jaka piękna iluzja*, wydawnictwo Znak, Kraków 2017

Grant A., Sandberg S., *Opcja B. Jak radzić sobie z traumą po starcie, stawić czoła trudnościom i odzyskać radość życia*, przeł. Zbigniew Kościuk, Wydawnictwo Agora, Warszawa 2018

Winfrey O., *To, co wiem na pewno*, Wydawnictwo Galaktyka, 2015

Więcej moich przemyśleń znajdziecie tutaj:
http://www.tatianamindewiczpuacz.pl (BLOG)
https://www.facebook.com/tatianamindewiczpuacz/
https://www.instagram.com/tatiana_empe/

PODZIĘKOWANIA

Lubię powtarzać, że jestem dzieckiem szczęścia. Wiele lat temu, kiedy przeżywałam trudne chwile, dostałam tę afirmację od pewnej mądrej kobiety. Obiecała mi, że jeśli często będę ją sobie powtarzała, prędzej czy później świat na nią odpowie. Wówczas było mi tak źle, że gdyby ktoś mi powiedział, że robienie pięćdziesięciu przysiadów dziennie lub trzymanie się za nos, stojąc na jednej nodze, pomoże, też bym tego spróbowała. Zatem nie spodziewając się wprawdzie spektakularnych efektów, ale chwytając się każdej nadziei, zaczęłam oznajmiać sobie i innym, że JESTEM DZIECKIEM SZCZĘŚCIA.

I cóż takiego się zmieniło? Czy świat faktycznie zareagował? Dzisiaj mogę z pełną odpowiedzialnością powiedzieć, że tak. Choć wyglądało to nieco inaczej, niż mogłoby się wydawać, bo żadna czarodziejska różdżka nie poszła w ruch. Magia przyszła w bardzo przyziemnej... ludzkiej postaci. Im częściej sobie to powtarzałam, tym łatwiej mi było widzieć dobre strony tego, co mnie spotyka. Im więcej ich dostrzegałam, tym bardziej otwarta byłam na poznawanie nowych ciekawych ludzi. Im mniej było we mnie stresu i frustracji, tym mniej się bałam próbować nowych rzeczy. Krótko mówiąc, zrobiłam w swojej głowie i sercu miejsce na własną szczęśliwość. Jednym z największych prezentów, jakie w efekcie tej zmiany dostałam, jest umiejętność dostrzegania życzliwości. Dzielą się nią ze mną ludzie, których spotykam na swojej drodze.

Wiele wspaniałych osób przyczyniło się do przyjścia na świat tej książki – chciałabym im z całego serca podziękować. Wiem, że wiele nazwisk się powtórzy, bo pracowaliśmy wspólnie także przy powstawaniu mojej pierwszej książki „Luz", ale to mnie nie martwi. Nie można przecież przedawkować szczerej wdzięczności.

Małgosiu (Małgorzata Skowrońska),

kolejny raz okazałaś się dla mnie bezcennym wsparciem. Stworzyłaś mi warunki do pracy, o jakich marzy każdy autor. Cierpliwie czekałaś, aż pozbieram myśli i będę wreszcie gotowa ruszyć, wiedząc, jak trudny jest dla mnie temat tej książki. Dziękuję za pomoc, opiekę, a przede wszystkim wiarę w to, że dam radę.

Pawle (Paweł Goźliński),

Twój niezmącony moimi atakami paniki spokój był jak kotwica dla rozchwianych emocji przejętej wyzwaniem autorki. Potrafiłeś się przebić przez natłok myśli i wyłowić z nich to, co pozwalało mi iść dalej i przelewać kolejne historie na papier. Twoje uwagi nie tylko porządkowały bałagan w mojej głowie, ale też motywowały do starania się bardziej. Wiedziałam, że ty wierzysz w ten projekt, więc nie mogłam sobie pozwolić na zwątpienie. Dziękuję.

Karolino (Karolina Oponowicz),

nie wiem, czy masz świadomość, jak bardzo mi pomogłaś. Nie tylko cierpliwie czytając kolejne strony, rekomendując, co rozwinąć, a co ująć inaczej. Twoja kobieca intuicja w połączeniu z profesjonalnym doświadczeniem dawały mi ogromne poczucie bezpieczeństwa. Dostarczałaś mi obfite dawki energii i inspiracji. Choć wydawało mi się, że już nic nie chcę dodać... po rozmowie z Tobą pojawiały się kolejne pomysły. Dziękuję.

Edi (Edward Orpik),

Twoja uważność, wnikliwość, z jaką czytałeś to, co napisałam, i uwrażliwiałeś mnie na istotne kwestie, jest nie do przecenienia. Nasze dyskusje na temat wyzwania, jakim jest współcześnie budowanie i troszczenie się o dobry związek, były dla mnie cenniejsze niż wiele przeczytanych naukowych materiałów. Zarówno Twoje doświadczenie w pracy z parami, jak i empatia, z którą podchodzisz do każdego człowieka, pozwoliły mi dostrzec wiele rzeczy i włączyć je do tej książki. Dziękuję.

Maniu (Maria Mikołajczak),

wiesz, jak uwielbiam nasze rozmowy. Ty nie opowiadasz, tylko malujesz trójwymiarowe historie. Można w nich zobaczyć nie tylko fakty, ale też emocje. Twoja czujność i zaangażowanie pozwoliły mi uchwycić wiele ważnych wątków, pokazać znacznie więcej, niż na początku zakładałam. Nie mniej ważne było dla mnie to, jak bardzo wierzyłaś, że dam radę, i motywowałaś mnie do pisania dalej. Dziękuję.

Madziu (Magda Miczek),

każde twoje słowo było dla mnie motywacją i wzmocnieniem. Spojrzenie, z jakim życzliwie zerkałaś w moją stronę po przeczytaniu kolejnych fragmentów, uspokajało mnie i dawało siłę do dalszej pracy. Wiem, że wszystko, co starałaś się mi przekazać podczas mojej pracy nad książką, płynęło prosto z serca. Dziękuję.

Dario (Daria Bober),

miałaś niełatwe zadanie, bo jako dwudziestotrzylatka byłaś najmłodszą dotychczasową czytelniczką tej książki. Nie spodziewałam się, że kiedy poproszę Cię o uwagi i spostrzeżenia, dostanę tak wiele cennych informacji. Mam nadzieję, że wiesz, iż zrobiłaś znacznie więcej niż sprawdzenie tekstu pod kątem spójności i powtórzeń. Dziękuję.

Kasiu (Katarzyna Kubicka),

nie jestem w stanie sobie wyobrazić, jak mogłoby wyglądać wydanie książki bez Ciebie. Dajesz mi taki komfort pracy, tak wiele rzeczy po mistrzowsku doprowadzasz do końca, że choć robimy to wspólnie już po raz drugi, nie mogę wyjść z podziwu. Na każdym etapie, od samego początku aż do momentu, kiedy wreszcie pojawia się prosto z drukarni pierwszy pachnący egzemplarz, Twoja pomoc jest nieoceniona. Dziękuję.

Joasiu (Joanna Batorska),

wiem też, że mogę być spokojna o losy tej książki, kiedy pojawi się już w księgarniach, bo mam wsparcie najlepszego szefa promocji i marketingu, jakiego mogłam sobie wymarzyć. Twojego zaangażowania, wiedzy i inspirujących rekomendacji nie da się przecenić. Dziękuję.

Marto (Marta Śliwińska),
wyobrażam sobie, jak trudno było w takim tempie wyłapać wszystko, co wymagało doprecyzowania lub poprawienia. Zwłaszcza że do ostatniej chwili wprowadzałam jeszcze w tekście zmiany. Gdyby nie świadomość, że czuwasz nad finalną wersją, nie mogłabym spokojnie spać w nocy. Dziękuję.

Jarku (Jarek Gawlik),
wiesz, że bez Ciebie w życiu nie nagrałabym audiobooka. Nie mam pojęcia, jak to zrobiłeś (już po raz drugi zresztą), że udało Ci się przeprowadzić mnie przez to wyzwanie pomimo moich obaw i braku doświadczenia. Dałeś mi nie tylko profesjonalne wsparcie na najwyższym poziomie, ale też serdeczność i życzliwość. To była największa motywacja. Dziękuję.

Moniko (Monika Rawicka),
udowodniłaś, że ekstremalne tempo i dokładność mogą iść w parze. Czułam się komfortowo, wiedząc, że to Ty czuwasz nad każdym detalem związanym z audiobookiem. Dziękuję.

Zdaję sobie sprawę, że do powstania tej książki przyczyniło się znacznie więcej osób niż te, które tu wymieniam. Nie jestem w stanie wymienić wszystkich, ale każdemu z osobna, choć anonimowo, bardzo dziękuję. Przede wszystkim z całego serca dziękuję moim KOCHANYM CZYTELNIKOM i FOLLOWERSOM. Daliście mi potężną dawkę energii i wielki kredyt zaufania. Ma to dla mnie szczególną wartość.

Na koniec pozwolę sobie na jeszcze jedno, nieco tajemnicze, ale bardzo dla mnie ważne podziękowanie. Zwłaszcza ze względu na temat tej książki.

Adamie (Adam Puacz),
wiem, że to nie było łatwe, i tym bardziej dziękuję. Nie tylko za Twoje uwagi i sugestie, które pomogły mi ruszyć, ale też za to, że… Ty wiesz, za co, i to mi wystarczy.

Tatiana Mindewicz-Puacz

SPIS TREŚCI